社会工作标准宣贯培训丛书

《儿童社会工作服务指南》

ERTONG SHEHUI GONGZUO FUWU ZHINAN

解读

JIEDU

主编：鄢勇兵　副主编：王　颖

全国社会工作标准化技术委员会
中　国　社　会　工　作　学　会　组织编写

中国社会出版社
国家一级出版社·全国百佳图书出版单位

图书在版编目(CIP)数据

《儿童社会工作服务指南》解读 / 鄢勇兵主编.
—北京:中国社会出版社, 2019.4
ISBN 978 -7 -5087 -6153 -4

Ⅰ.①儿… Ⅱ.①鄢… Ⅲ.①儿童 - 社会工作 - 中国 - 指南 Ⅳ.①D432.5 -62

中国版本图书馆 CIP 数据核字(2019)第 059916 号

书　　名:《儿童社会工作服务指南》解读
主　　编:鄢勇兵

出 版 人:浦善新
终 审 人:胡晓明
责任编辑:孙武斌
助理编辑:李林凤

出版发行:中国社会出版社　　**邮政编码**:100032
通联方式:北京市西城区二龙路甲 33 号
电　　话:编辑部:(010)58124841
邮购部:(010)58124848
销售部:(010)58124845
传　真:(010)58124856
网　　址:www.shcbs.com.cn
shcbs.mca.gov.cn
经　　销:各地新华书店

中国社会出版社天猫旗舰店

印刷装订:中国电影出版社印刷厂
开　　本:170mm × 240mm　1/16
印　　张:16
字　　数:230 千字
版　　次:2019 年 6 月第 1 版
印　　次:2019 年 6 月第 1 次印刷
定　　价:58.00 元

中国社会出版社微信公众号

“社会工作标准宣贯培训丛书”编委会

《〈儿童社会工作服务指南〉解读》编写组

主　编：鄢勇兵

副主编：王　颖

撰稿人（按姓氏笔画排序）：

王　颖　冯　浩　帅　静　仰和芝　向　荣　陈正艳

杜　勇　陈喜春　范篆玲　郭名倞　黄凤仪　黄晓燕

鄢勇兵

前　言

为了推动儿童社会工作朝着专业化、规范化、标准化方向发展，更好发挥儿童社会工作在服务民生保障、提升基层儿童治理能力方面的作用，民政部社会工作司制定了《儿童社会工作服务指南》，并于2014年12月发布实施。《儿童社会工作服务指南》的贯彻落实，对于提升儿童社会工作服务水平、完善儿童社会服务体系、促进儿童服务机构建设，必将产生巨大的促进和保障作用。

《儿童社会工作服务指南》（以下简称《指南》）是我国社会工作领域的第一项标准，从基础研究到制定出台历时较长。起草组成员对青岛、潍坊、深圳、广州、东莞、天津、成都等地进行了深入调研，通过与相关政府部门、服务机构以及儿童家长代表进行座谈，广泛吸收了本土的实践成果，同时参考了社会工作专业的国际经验，最终形成了这一推荐性行业标准。《指南》可以为地方管理部门制定儿童社会工作政策、配置儿童社会工作岗位、购买儿童社会工作服务项目以及评估儿童社会工作服务成效提供依据，推动管理的升级换代，实现精准管理。同时，《指南》也为儿童社会工作服务机构和儿童社会工作者提供了参考，规范和指引儿童社会工作者开展服务，提升专业服务质量，促使人力资源和社会资源得到更有效的利用，进而做到精细服务，提升社会工作行业的公信力。

为了配合《指南》的宣贯，帮助读者精准把握《指南》的制定原意和标准条款，全国社会工作标准化技术委员会、中国社会工作学会组织参加标准研究制定的同志以及有关专家编写了《〈儿童社会工作服务指南〉解读》，希望能够对一线儿童社会工作者和研究人员有所助益。

编　者

【目 录】CONTENTS

《儿童社会工作服务指南》原文 …………………………………… 1

第一章 《儿童社会工作服务指南》概述 ………………………… 18

第一节 《指南》的背景、起草过程和作用 ……………………… 18

一、《指南》出台的背景 …………………………………………… 18

二、《指南》的起草过程 …………………………………………… 20

三、《指南》的意义作用 …………………………………………… 23

第二节 《指南》的内容结构与适用范围 ………………………… 23

一、《指南》的内容结构 …………………………………………… 23

二、《指南》的适用范围 …………………………………………… 24

第三节 《指南》涉及的术语及定义 ……………………………… 25

第四节 《指南》的实施要求和注意事项 ………………………… 30

第二章 《指南·服务原则》解读 ………………………………… 32

第一节 概述 ……………………………………………………… 32

第二节 详解 ……………………………………………………… 32

一、优先原则 ……………………………………………………… 32

二、利益最大原则 ………………………………………………… 36

三、伤害最小原则 …… 40
四、平等参与原则 …… 42
五、生态系统原则 …… 47

第三章 《指南·服务的主要类型》解读 …… 52

第一节 概述 …… 52
第二节 详解 …… 53
一、支持性服务 …… 53
二、保护性服务 …… 55
三、补充性服务 …… 59
四、替代性服务 …… 61

第四章 《指南·服务流程》解读 …… 65

第一节 概述 …… 65
第二节 详解 …… 73
一、接案 …… 73
二、预估 …… 79
三、计划 …… 86
四、介入 …… 96
五、评估 …… 114
六、结案 …… 118

第五章 《指南·服务方法》解读 …… 124

第一节 概述 …… 124
第二节 详解 …… 128
一、直接服务方法 …… 128

二、间接服务方法 …… 153

第六章　《指南·督导》解读 …… 161

第一节　概述 …… 161
第二节　详解 …… 163
一、督导对象 …… 163
二、督导内容 …… 167

第七章　《指南·服务管理》解读 …… 177

第一节　概述 …… 177
第二节　详解 …… 180
一、服务质量管理 …… 180
二、社会工作行政 …… 190

第八章　《指南·人员要求》解读 …… 199

第一节　概述 …… 199
第二节　详解 …… 203
一、资格要求 …… 203
二、伦理要求 …… 210
三、继续教育要求 …… 215

附录1：《儿童社会工作服务指南》附录A—H …… 217
附录2：《社会工作服务项目绩效评估指南》原文 …… 229
参考文献 …… 244
后记 …… 246

民政部关于发布《儿童社会工作服务指南》《社会工作服务项目绩效评估指南》行业标准的公告

《儿童社会工作服务指南》和《社会工作服务项目绩效评估指南》2 项推荐性行业标准已经民政部批准,现予以发布。

标准编号:MZ/T 058－2014

标准名称:儿童社会工作服务指南

标准编号:MZ/T 059－2014

标准名称:社会工作服务项目绩效评估指南

标准自颁布之日起实施。

民政部

2014 年 12 月 24 日

中 华 人 民 共 和 国 民 政 行 业 标 准

MZ/T 058—2014

儿童社会工作服务指南

Service guideline of social work with children

2014－12－24 发布　　2014－12－24 实施

中华人民共和国民政部　发布

目　次

前　言 …… 5
1　范围 …… 6
2　规范性引用文件 …… 6
3　术语和定义 …… 6
　3.1　儿童需要 …… 6
　3.2　儿童社会工作 …… 7
　3.3　儿童服务机构 …… 7
4　服务原则 …… 7
　4.1　优先原则 …… 7
　4.2　利益最大原则 …… 7
　4.3　伤害最小原则 …… 7
　4.4　平等参与原则 …… 8
　4.5　生态系统原则 …… 8
5　服务的主要类型 …… 8
　5.1　支持性服务 …… 8
　5.2　保护性服务 …… 8
　5.3　补充性服务 …… 9
　5.4　替代性服务 …… 9
6　服务流程 …… 9
　6.1　接案 …… 9
　6.2　预估 …… 10

6.3 计划 …… 10
6.4 介入 …… 11
6.5 评估 …… 11
6.6 结案 …… 12
7 服务方法 …… 12
7.1 直接服务方法 …… 13
7.2 间接服务方法 …… 13
8 督导 …… 13
8.1 督导对象 …… 13
8.2 督导内容 …… 14
9 服务管理 …… 14
9.1 服务质量管理 …… 14
9.2 社会工作行政 …… 16
10 人员要求 …… 16
10.1 资格要求 …… 16
10.2 伦理要求 …… 17
10.3 继续教育要求 …… 17
附录A 接案登记表 …… 217
附录B 儿童预估表 …… 218
附录C 高风险家庭评估表 …… 220
附录D 儿童服务计划表 …… 222
附录E 儿童服务面谈记录表 …… 223
附录F 儿童社会工作者可利用的资源列表 …… 224
附录G 儿童服务评估表 …… 226
附录H 儿童服务结案表 …… 227

前　言

本标准按照 GB/T 1.1—2009 给出的规则起草。

本标准由民政部社会工作司提出。

本标准由全国社会工作标准化技术委员会(SAC/TC 534)归口并解释。

本标准起草单位:南开大学、北京社会管理职业学院、北京市儿童福利院、成都市未成年人救助保护中心、重庆市民政局、广东省民政厅、浙江省民政厅。

本标准主要起草人:黄晓燕、王婴、邹学银、邓明国、鄢勇兵、周琼、袁慧敏、张剑、李进民。

儿童社会工作服务指南

1 范围

本标准规定了儿童社会工作服务原则、服务的范围和类别、服务流程、服务技巧、督导、服务管理和人员要求等。

本标准适用于为有需要的儿童提供的社会工作服务。

2 规范性引用文件

下列文件对于本文件的应用是必不可少的。凡是注日期的引用文件，仅注日期的版本适用于本文件。

凡是不注日期的引用文件，其最新版本(包括所有的修改单)适用于本文件。

GB/T 28224－2011 流浪未成年人救助保护机构服务

MZ 010－2013 儿童福利机构基本规范

社会工作者继续教育办法

社会工作者职业道德指引

3 术语和定义

3.1

儿童需要 children’s needs

儿童身心健康成长和发展所需的条件、机会和资源的总和。

3.2

儿童社会工作　social work with children

社会工作者根据儿童的生理、心理特点和成长、发展的需要，以专业的价值观为指导和科学的理论为基础，运用社会工作的专业方法和技巧对儿童开展的服务。

3.3

儿童服务机构　children's service agency

从事儿童照顾、保护、发展（主要指生理、心理及社会发展）等服务的组织。

4　服务原则

4.1　优先原则

社会工作者在政策规划、服务计划制订、资源配置和服务提供等方面，应优先考虑儿童的利益和需要。

4.2　利益最大原则

社会工作者应以儿童为中心，从儿童身心发展特点和利益出发提供专业服务，最大限度保障儿童权益。

4.3　伤害最小原则

社会工作者在工作中如果无法避免造成伤害，尽量选择对儿童造成伤害最小的方案，或者是最容易从伤害中恢复的方案。

4.4 平等参与原则

社会工作者应创造公平的环境，确保儿童不因民族、种族、性别、家庭出身、宗教信仰、教育程度、财产状况、居住期限受到任何歧视，保障所有儿童享有平等的权利与机会。

社会工作者应鼓励和支持儿童参与同自身利益相关的服务活动，尊重其在权利和能力范围之内的自我决定和行动。

4.5 生态系统原则

社会工作者应重视家庭的作用，运用生态系统的观点，从儿童自身及其与家庭、朋辈群体、社区、学校、服务机构等的互动关系中分析儿童问题，识别所需资源，提供专业服务，促进儿童发展。

5 服务的主要类型

5.1 支持性服务

重视环境自身的力量，通过环境培育的方法，提高儿童所处环境的功能，强化照料者的能力，促进儿童健康成长。例如为家庭教育提供心理咨询和抚育帮助，增进父母的亲职功能服务。

5.2 保护性服务

通过外部监督、干预性服务等方式，防止儿童被虐待、忽视和剥削。如儿童保护热线、儿童防性侵服务，为受伤害的儿童提供的庇护和心理干预，为离婚家庭儿童提供心理疏导等。

5.3 补充性服务

通过专业介入,适当增强儿童所处环境中的某些薄弱或缺失环节,弥补家庭对儿童照顾功能的不足。例如帮助儿童家庭申请相关的社会救助,包括现金救助、日用品的补助和托育服务等。

5.4 替代性服务

当家庭照顾功能缺失时,针对儿童的实际需要,将儿童安排到适当的居住场所,提供一部分或全部替代家庭照顾功能的服务。例如家庭寄养、收养、儿童福利院和未成年人救助保护中心对儿童的安置服务等。

6 服务流程

6.1 接案

6.1.1 社会工作者在接案过程中应完成下列主要工作:

——介绍服务宗旨、服务政策、服务项目等;

——初步收集与儿童有关的信息;

——初步探索儿童的问题和需要;

——与儿童、儿童监护人或主要照料人建立专业关系;

——填写《接案登记表》(参见附录A)。

6.1.2 社会工作者在接案过程中应注意:

——与儿童沟通时应注重以儿童的视角看问题;

——与儿童监护人或主要照料人进行沟通,协同解决儿童的问题;

——从家庭、学校、朋辈群体和社区等多方面入手收集资料。

6.2 预估

6.2.1 社会工作者在预估过程中应完成下列工作：

——发现和识别儿童问题的成因；

——识别儿童及其所处环境中的积极因素和消极因素；

——决定为儿童提供服务的方式和内容；

——填写《儿童预估表》（参见附录 B）；

——存在家庭高风险因素的应填写《高风险家庭评估表》（参见附录 C）。

6.2.2 社会工作者在预估过程中应注意：

——坚持动态和持续性的原则，对儿童的问题逐渐深入认识；

——对儿童面临的问题按照轻重缓急排序，找出急需解决的问题；

——关注儿童、家长及其他相关人员的参与，为他们提供表达意见的机会，充分尊重他们的意愿和态度。

6.3 计划

6.3.1 儿童服务计划包括以下主要内容：

——儿童的问题与需要，儿童及其所处环境的资源、优势；

——服务计划的短期、中期和长期目标；

——介入措施、行动步骤及进度安排；

——社会工作者、儿童和家庭或其他照顾者各自的任务；

——评估参与者和评估方式方法；

——填写《儿童服务计划表》（参见附录 D）。

6.3.2 社会工作者在制订服务计划时应注意：

——在制订服务计划时应有儿童的参与，尊重儿童的意愿；

——服务计划应尽量详细和具体；

——服务计划应与儿童服务的宗旨、目标相符合；
——服务计划应易于总结和评估。

6.4 介入

6.4.1 介入任务

6.4.1.1 直接介入的主要任务有：

——促使儿童、家长及相关人员学会运用现有的资源；
——对儿童与环境产生的冲突进行调解；
——运用各种能够影响儿童改变的力量帮助儿童实现积极的改变；
——填写《儿童服务面谈记录表》(参见附录 E)。

6.4.1.2 间接介入的主要任务有：

——注意发掘和运用儿童所在社区的资源；
——协调和链接各种儿童服务的资源与系统；
——改变儿童所处的环境；
——促进儿童政策的改变；
——填写《儿童社会工作者可利用的资源列表》(参见附录 F)。

6.4.2 社会工作者在介入过程中应注意：

——坚持以儿童为本的原则；
——考虑儿童的发展阶段和年龄特征；
——与儿童共同参与介入行动；
——介入行动与服务目标一致。

6.5 评估

6.5.1 社会工作者在评估过程中应完成下列主要工作：

——根据服务内容选择适宜的评估方法(常用评估方法包括：基线测量

法、任务完成情况测量法、目标实现程度测量法和介入影响测量法）；

——收集和分析相关资料；

——撰写评估结果；

——填写《儿童服务评估表》（参见附录 G）。

6.5.2　社会工作者进行评估时应注意：

——儿童有哪些变化；

——服务过程中所运用的理论与技巧是否恰当和有效；

——明确要做哪些跟进工作。

6.6　结案

6.6.1　社会工作者在结案阶段应完成下列主要工作：

——巩固儿童及其所处环境已有的改变；

——增强儿童独立解决问题的能力和信心；

——解除工作关系，妥善处理分离情绪；

——填写《儿童服务结案表》（参见附录 H）。

6.6.2　社会工作者在结案时应注意：

——与儿童回顾服务的过程，以确定结案时机是否成熟；

——提前告知儿童结案的时间，让儿童有心理准备，帮助儿童处理好离别情绪；

——提醒儿童学会自立，告诉儿童在需要时将继续提供帮助；

——让儿童理解自己的收获，正向表达感受。

7　服务方法

7.1 直接服务方法

7.1.1 社会工作者以面对面的方式给儿童及其家庭提供个案服务和咨询。

7.1.2 社会工作者以小组工作的方式给儿童及其家庭提供服务,包括支持性小组、治疗性小组、自助小组和任务小组等。

7.1.3 运用个案管理的方法评估儿童的需求、关注儿童与环境间的互动、安排协调儿童所需要的资源和服务。

7.2 间接服务方法

7.2.1 社会工作者通过整合现有的家庭、社区、学校和其他部门的资源,为儿童及其家庭提供服务。

7.2.2 社会工作者通过动员、拓展的方式,为儿童争取新的正式及非正式资源。

7.2.3 社会工作者收集和系统分析与儿童和其环境相关的信息,了解立法和制度的决策过程,反映儿童的诉求,进行政策倡导。

8 督导

8.1 督导对象

督导对象包括:

——新进入社会服务机构的儿童社会工作者;

——服务年限较短、经验不足的儿童社会工作者;

——在儿童社会服务机构实习的学生;

——儿童社会服务机构的志愿者。

8.2 督导内容

社会工作督导包括为社会工作者提供的行政、教育和支持性督导，应开展下列主要工作：

——参与服务质量评估，对有关项目进行审核，调整服务方案，优化服务结构，增强服务效果；

——协调社会工作者与机构和有关部门之间的关系；

——及时对发现的问题和情况进行总结分析，并对机构专业服务决策与经验推广提出建议；

——协助机构设计、规划、监督所负责服务领域的工作程序，根据实际需要与合作机构和相关部门进行沟通协调，调整服务方案，优化服务结构；

——对工作程序、服务质量以及职业操守进行监督、总结，提出建议并及时反馈；

——监督服务提供者的工作表现及服务效率，提供业务指导；

——监督社会工作者的职业操守，给予情绪支持；

——评价专业教育培训的有效性。

9 服务管理

9.1 服务质量管理

9.1.1 社会工作者应以儿童为中心，与儿童及其监护人或主要照料人共同制订服务目标与计划：

——应了解儿童及其监护人或主要照料人的需要，并向服务对象进行工作说明；

——应与儿童及其监护人或主要照料人统一服务期望，共同制定服务的具体目标和实施步骤；

——应建立符合目标实现要求的服务过程记录；

——应根据阶段性评估结果和儿童及其监护人或主要照料人的需要，及时进行服务计划调整。

9.1.2　应制定由社会工作者参与的服务质量规范，并确保其公开透明、具体可行：

——应确定服务质量目标。在服务场所、服务设施、服务用品、服务人员、服务等级、服务内容、服务程序和服务方法等方面制定具体质量目标；

——应将标准化服务质量控制与个性化服务质量目标相结合，对有特定要求的儿童及其监护人或主要照料人、服务项目或过程，需编制特定服务质量计划或特定管理程序。

9.1.3　应建立儿童社会工作服务质量评估机制，定期对服务数量、服务成效进行评估：

——儿童及其监护人或主要照料人对服务质量进行评价；

——对工作记录情况予以考核；

——主管部门或第三方开展定性或定量评估（包括数据对比、资料归纳、问卷调查和访谈等形式）；

——对工作成效进行定期自评与阶段性考核；

——定期进行专业督导。

9.1.4　应对服务质量评估信息进行反馈，以持续改进儿童社会工作服务质量：

——应提出保持并持续改进服务质量的建议；

——应对收到的反馈予以回应；

——应根据服务质量评估信息修正工作措施，完善服务制度，改进服务质量。

9.2 社会工作行政

9.2.1 制度建设

9.2.1.1 儿童服务机构应制定相应的社会工作服务规章制度并根据需要进行修订。

9.2.1.2 儿童服务机构研究与制定儿童服务规划、计划和方案时应有社会工作者参加。

9.2.2 岗位设置

儿童服务机构应设置儿童社会工作专职或兼职岗位,岗位设置应符合GB/T 28224－2011和MZ 010－2013的具体规定。

9.2.3 档案管理

应加强儿童社会工作服务档案的管理,主要工作包括:

——建立基本服务档案,包括儿童的基本信息、服务提供者、服务场所、服务过程的记录及服务成效等;

——建立服务质量监控记录档案,包括考核情况、服务质量目标完成情况和服务计划调整情况等;

——根据儿童实际情况进行分类、分级管理档案,做好儿童信息的保密工作。

10 人员要求

10.1 资格要求

10.1.1 儿童社会工作者

儿童社会工作者应获得社会工作者职业资格证书并按照《社会工作者继续教育办法》登记或具备社会工作专业专科及以上学历。

10.1.2 儿童社会工作督导者

儿童社会工作督导者应是在儿童服务领域从事社会工作服务满五年以上(含五年)并取得社会工作师资格、对社会工作价值伦理有认同度、拥有良好的社会工作专业知识、具有丰富的儿童工作实务经验和督导技巧的社会工作者。

10.2 伦理要求

10.2.1 应自觉遵循社会工作专业伦理。

10.2.2 应明确社会工作服务意识,遵守《社会工作者职业道德指引》,树立以儿童为中心的服务理念。

10.2.3 应尊重儿童,保护儿童隐私。

10.3 继续教育要求

应按照《社会工作者继续教育办法》,接受继续教育,不断提高职业素质和专业服务能力。

附录 A—H 详见本书附录 1

第一章 《儿童社会工作服务指南》概述

第一节 《指南》的背景、起草过程和作用

2014年12月24日,民政部发布《儿童社会工作服务指南》(MZ/T058-2014),并且自颁布之日起实施。《儿童社会工作服务指南》(以下简称《指南》)由民政部社会工作司提出,南开大学、北京社会管理职业学院(民政部社会工作研究中心)、北京市儿童福利院等单位共同起草,是一项推荐性行业标准。《指南》是民政部在社会工作领域发布的第一项标准,对我国的儿童社会工作发展乃至整个社会工作行业规范都具有较强的探索和开拓意义。

一、《指南》出台的背景

就个体而言,儿童时期是人生发展的关键时期。相对于成人,儿童在生理、心理、社会等方面尚未成熟和稳定。为儿童提供必要的生存、发展、受保护和参与的机会和条件,最大限度地满足儿童的生存和发展需要,促进儿童潜能发挥,将会为儿童一生的发展奠定重要基础。就国家和社会而言,投资儿童就是为未来具有良好素质的公民和经济社会发展的重要要素之一——人力资本——进行投资,国家在儿童保护上的投入不只具有福利属性,更具有发展属性。

我国儿童数量规模较大。根据2010年全国第六次人口普查统计,我国0~18岁人口为3亿,占总人口比重为22.48%。其中,弱势儿童群体类型较多且数量大。孤儿、贫困家庭儿童、残疾儿童、流浪儿童、受人口流动影响儿童(流动儿童和留守儿童)、受艾滋病影响儿童等是我国主要的困境儿童

类别。截至2016年底，我国城市低保家庭855.3万户，农村低保家庭2635.3万户，家庭贫困让低保家庭儿童在生活、就医、就学等方面存在较高风险；我国有孤儿（双孤）50万，流浪乞讨儿童14.9万，农村留守儿童902万。① 这些儿童在生存、发展上遭遇了困难和挑战，需要国家和社会进行干预和支持。同时，我国还存在虐待和疏忽照顾儿童、儿童违法犯罪、校园欺凌等与儿童相关的社会问题，也需要建立健全相关保护制度、服务模式和工作方法，进行有效干预。

近年来，我国在儿童福利和保护的制度建设、服务实践上取得了较大进展。2010年国务院发布《关于加强孤儿保障工作的意见》，建立孤儿基本生活保障制度，散居孤儿被纳入国家保障范围，可以获得基本生活费。2016年2月国务院发布《关于加强农村留守儿童关爱保护工作的意见》，从完善农村留守儿童关爱服务体系、建立健全农村留守儿童救助保护机制、从源头上逐步减少儿童留守现象等三个方面缓解农村儿童留守问题。2016年3月1日施行的《中华人民共和国反家庭暴力法》明确了对遭受家庭暴力的未成年人给予特殊保护。2016年6月国务院发布的《加强困境儿童保障工作的意见》，贫困儿童、残疾儿童以及人身安全受到威胁或侵害的儿童，被纳入国家保护范畴。在实践方面，我国目前有儿童福利机构465个，未成年人救助保护中心240个。② 儿童福利机构、未成年人救助保护机构、村（居）民委员会、社会工作服务机构等通过院舍服务、社区服务，为有需要的儿童提供替代性养育、临时救助保护、家庭支持等服务。国际组织如联合国儿童基金会、救助儿童会等，多年来在中国支持开展儿童保护和发展的项目，进行政策倡导，为我国儿童福利、儿童保护工作引入了国际理念、经验和模式。

2000年以来，我国专业社会工作迅速发展。目前，我国有关社会工作者

---

① 民政部《2016年社会服务发展统计公报》。

② 民政部《2016年社会服务发展统计公报》。

培养、评价、使用、激励等政策制度基本建立。截至2016年底，全国持证社会工作者共计28.8万人，其中社会工作师6.9万人，助理社会工作师21.9万人。① 在儿童福利和保护领域，社会工作者正逐渐成为一支专业力量。国际经验表明，那些从事儿童福利和保护工作的人员多数接受过社会工作专业教育，儿童福利机构中主体的专业技术人员是社会工作者。近年来，许多儿童福利机构、未成年人救助保护机构，均鼓励工作人员参加社会工作专业培训、参与全国社会工作者职业水平考试，获得社会工作者职业资格；同时，许多机构也开始在内部设立社会工作部门和岗位，明确社会工作在儿童保护中的职能和角色。儿童福利领域的社会工作职业化、专业化发展方兴未艾。

儿童福利和保护领域社会工作的迅猛发展，呼唤相关标准的出台。近年来我国专业社会工作虽然在扩面、提速方面取得了较大进展，但仍处于起步发展阶段，发展水平、社会认同在地域、领域、机构之间存在较大差距。儿童福利和保护领域的社会工作虽有开展，但在服务原则、服务内容、服务方法、绩效评估以及制度建设等方面尚未形成明确的规范，专业化水平参差不齐。研究制定出一部适用于从事儿童福利和保护工作的社会工作者的标准，提出儿童服务机构、社会工作者在儿童社会工作方面应该达到的期望值，既是为实践者提供针对性指引的需要，也是建立服务评估基本框架的需要。本《指南》的出台，有助于引导社会工作专业人员在儿童福利和保护领域明确职责、做好专业服务、规范专业行为、提高专业水准，切实提升儿童社会工作服务的科学化、规范化和专业化水平。

二、《指南》的起草过程

《指南》的研究、起草历时四年多的时间。经过标准起草组成员、全国社会工作标准化技术委员会委员、民政部社会工作司、全国儿童社会工作领域专家等多方努力，于2014年12月24日正式发布实施。标准的起草出台

---

① 民政部《2016年社会服务发展统计公报》。

主要经历了以下四个阶段。

(一)研究起草阶段

2010 年初,“儿童社会工作标准研究”课题作为民政部与联合国儿童基金会在社会工作方面的合作项目之一正式立项,民政部社会工作研究中心承担了具体的研究组织工作。在研究团队的组建上,课题组吸纳了国内高校社会工作专家学者、实务机构专家、标准化专家等参与。在研究活动上,第一,进行了文献研究,包括有关儿童法律法规政策研究、美国儿童社会工作标准研究、我国有关社会服务行业标准研究、有关研究报告和论文梳理等;第二,召开两次研讨会,确定了研究框架和思路,初步确定了儿童社会工作标准的定位、内容框架,并进行了子课题任务分工;第三,开展实地调研,课题组成员分别赴青岛、潍坊、深圳、广州、东莞、天津、成都等地的机构和社区进行实地调研;第四,召开三次课题跟进会,汇报分享各子课题研究成果、标准起草情况,研讨了研究中的重点和难点问题;第五,2010 年 11 月课题组进行集中封闭,研讨、修改完善《儿童社会工作标准》(草案)。

该标准草案分为九章。除了“范围”“规范性引用文件”格式性的两章外,其余各章分别为:术语和定义,基本原则,服务领域,机构社会工作制度建设,儿童社会工作者职业资格、能力与伦理,服务策略与过程,服务质量管理。在儿童社会工作领域界定上,考虑到我国儿童福利和保护的实践发展情况、专业社会工作介入程度,标准草案明确了失依儿童服务、残疾儿童服务、流动务工人员未成年子女服务、受灾儿童服务、贫困家庭儿童服务、儿童保护服务、少年司法干预服务等主要领域是专业社会工作介入重点。在机构社会工作制度建设方面,课题组认为儿童福利机构、救助保护机构及社区是儿童社会工作的载体和平台,需要在设立岗位、确定职责、提供场所与资源、开展有效督导和工作绩效评估等方面建立长效机制,持续开展社会工作干预实践并培养专业队伍、总结积累服务经验。在社会工作者职业资格、能力与伦理这一章中,标准草案要求儿童社会工作者应获得国家认可的社会工作学历并具备1年以上专业督导下的实务经验；或具备3年以上儿童服务工作经验，并取得《中华人民共和国社会工作者职业水平证书》。这一规定既认专业学历，又认职业水平证书，但强调实务经验在从业资格获得中的重要性。在专业活动方面，标准草案尝试通过服务策略和服务流程的构建来为实务工作者提供实践指引，不足之处是服务策略部分对儿童问题和需要的整理和归纳较难完整并且逻辑清晰，干预方式由于缺乏实践支撑，表述较为理想化和理论化。

（二）专家咨询阶段

其间，课题组邀请香港小童群益会的资深儿童社会工作专家何婉华女士对《儿童社会工作标准》（草案）进行了专家咨询。课题组听取了何婉华女士的咨询意见，并与其讨论，达成了一些基本共识。一是在我国儿童福利制度、儿童保护制度及儿童社会工作实践尚不完善的现实条件下，开展儿童社会工作标准的研究制定是一项有意义的探索，可以引领实践展开并为实践提供基本指引，因此，宜将“标准”改为“指南”，弱化该文件的规范性质。二是作为一部指南或指引，应更强调实操性，为实务工作者服务；应精简相关内容，弱化该文件的理论性和书卷气。三是鉴于困境儿童类型和儿童问题及需要的多样性，可先制定一项总揽性质的《儿童社会工作服务指南》，随后再细分不同的实践场域或服务类型，制定更细化的服务标准，例如《儿童福利院社会工作指南》等。

（三）修改完善阶段

随后，起草组吸纳了南开大学社会工作专家以及多名实务机构专家开展了《儿童社会工作服务指南》的修改完善工作。主要对术语和定义部分进行了精简，对服务原则进行了增删，删除了服务策略，增加了直接和间接服务方法，服务过程部分增加了资料性附录，罗列了接案登记表、儿童预估表、高风险家庭评估表等实用表格。此阶段经修改形成了《儿童社会工作服务指南》（草案）。

（四）报批审查阶段

2013 年 11 月全国社会工作标准化技术委员会成立后，《儿童社会工作服务指南》历经了标准立项、继续修订完善、向社会公开征求意见、技术审查会通过等环节，于 2014 年底由民政部发布并实施。

三、《指南》的意义作用

近年来，随着我国社会工作发展及在各领域的推进，大家对于探索出一套本领域有针对性的儿童社会工作服务模式、提升儿童社会工作专业化水平的需求日益提高，不仅仅是儿童福利院、流浪未成年人救助保护中心，还涉及以项目制形式开展的农村留守儿童服务、少年司法社会工作等。作为我国第一个全国性的社会工作服务标准，《儿童社会工作服务指南》充分体现了开拓性和前瞻性，有助于推动儿童社会工作服务在全国范围内的规范发展。《指南》为相关机构、项目开展儿童社会工作服务、开发设置儿童社会工作岗位、评估儿童社会工作成效提供了依据，为儿童福利与保护机构、社会工作服务机构、社区的社会工作者规范服务行为、提升专业服务质量、建立行业公信力提供了指引。《指南》是社会工作行业第一个全国性标准，对于其他社会工作服务标准的研究制定也具有重要借鉴和参考意义。

第二节 《指南》的内容结构与适用范围

一、《指南》的内容结构

本《指南》主要包括术语和定义、总则、服务内容与要求、服务流程与方法、质量管理和服务保障等，共 10 章。具体文本包括十个部分。

1. 范围。对标准的基本内容和使用范围作出说明。

2. 规范性引用文件。就标准在起草过程中遵循的标准性文件进行了说明。包括标准文件及国家政策文件。

3. 术语和定义。对本标准中使用的"儿童需要""儿童社会工作""儿童服务机构"等三个术语作出界定和解释。

4. 服务原则。明确了儿童社会工作服务五方面原则：优先原则、利益最大原则、伤害最小原则、平等参与原则、生态系统原则。

5. 服务的主要类型。将儿童社会工作服务的类型进行分类，主要包括支持性服务、保护性服务、补充性服务、替代性服务等。在对服务的主要类型进行规定时，起草组兼顾了理论分类、相关政策规定和目前实践情况，尽管不能全部涵盖社会工作介入儿童服务的领域和服务类型，但提供了一个基本的分类框架及服务重点。

6. 服务流程。主要包括社会工作通用过程的六个步骤：接案、预估、计划、介入、评估和结案。这一部分与《指南》所附的"资料性附录"紧密相连。

7. 服务方法。主要包括了直接服务方法和间接服务方法。直接服务方法有个案工作、小组工作、个案管理方法等；间接服务方法主要是整合资源、系统干预，以及为儿童进行倡导。

8. 督导。主要包括儿童社会工作督导对象和督导内容。

9. 服务管理。主要包括服务质量管理、制度建设、岗位设置和档案管理等内容。对提升儿童社会工作服务质量、儿童社会工作者岗位设置提出了明确要求，同时对儿童服务机构社会工作制度建设和档案管理进行了规范。

10. 人员要求。对儿童社会工作者和儿童社会工作督导者的资格、伦理及继续教育提出了具体要求。

二、《指南》的适用范围

本《指南》适用于为有需要的儿童提供的社会工作服务，既包括了困境儿童，也包括了有需要的非困境儿童。在适用对象上，既适用于从事儿童福利、儿童保护的社会工作者，也适用于相关机构和社区。

第三节 《指南》涉及的术语及定义

本《指南》对“儿童需要”“儿童社会工作”“儿童服务机构”三个术语进行了界定。之所以对这三个术语进行界定，主要是这三个术语是标准中的核心概念，且在已经正式公布的标准性文件中还没有进行解释。

原文

3.1 儿童需要

儿童身心健康成长和发展所需的条件、机会和资源的总和。

解读

“需要”一词常用来表达人类的动机或欲望。在本《指南》中，使用“儿童需要”这一概念的意义包括：一是为使儿童健康正常发展，必须满足他们的需要；二是实务工作者要善于辨别儿童的特殊需要。相对于其他群体，儿童常常无法表达自己的需求，无法主张自己的权利，需要家庭、社会工作者等作为他们利益的看护者和代言人。关于儿童需要的内容，综合不同学者的归纳，主要包括：生理的需要，爱和安全的需要，新体验的需要，赞扬和承认的需要，教育或智力的需要，责任的需要等。儿童需要和儿童权利是紧密相连的，儿童权利是从法律角度保障儿童需要的实现。联合国《儿童权利公约》保障儿童的生存和全面发展，使其免受剥削、虐待或其他不良影响，同时确保儿童有权参与家庭、文化和社交生活。概括来讲，儿童权利包括：生存权、发展权、受保护权（免受虐待和剥削）和参与权。家庭、社区、学校、政府等都有责任保障儿童需要获得满足，促进其身心健康发展。

原文

3.2 儿童社会工作

社会工作者根据儿童的生理、心理特点和成长、发展的需要，以专业的价值观为指导和科学的理论为基础，运用社会工作的专业方法和技巧对儿童开展的服务。

解读

《指南》的定义强调了儿童社会工作的“专业”特性。所谓“专业”，包括以下几层含义：一是专业价值观和伦理，儿童社会工作秉持的理念原则是专业的，《指南》中第4章“服务原则”、10.2条“伦理要求”对此都有明确表述和要求。二是服务运用的方法和技巧是社会工作专业方法和技巧，《指南》中第6章“服务流程”、第7章“服务方法”、第8章“督导”、9.1条“服务质量管理”等内容都是对专业活动的方法、流程、技巧等的表述和规定，这些方法和技巧是已经被证明有效的。三是儿童社会工作者应具备专业资格，《指南》10.1.1条中具体规定了儿童社会工作者应获得社会工作者职业水平证书并按照《社会工作者继续教育办法》登记或具备社会工作专业专科以上学历，儿童社会工作者所拥有的资质表明其专业知识和水平已获得社会认可，是从业的重要条件之一。要成为一名娴熟的儿童社会工作者，仅仅掌握社会工作的一般原理、通用方法和技巧是不够的。儿童社会工作者还需要掌握儿童发展、亲子关系、家庭结构与动力，以及服务对象居住社区的经济、社会、文化等方面知识，还需要熟悉儿童福利方面的法律、法规和政策，实践中还需要根据儿童的生理、心理、社会特点，结合儿童特定的成长、发展需要，进行具体的、个别化的适用。

原文

3.3 儿童服务机构

从事儿童照顾、保护、发展(主要指生理、心理及社会发展)等服务的组织。

解读

儿童服务机构是指除家庭照顾之外开展各类儿童照顾、保护等服务的机构,包括保护儿童成长、支持儿童成长、提供代替性照顾的各类社会服务机构。

1. 以孤残儿童为对象的服务机构。主要包括:儿童福利机构、残疾儿童康复中心、孤儿收养服务机构、残疾少年儿童特殊教育学校等。儿童福利机构是政府举办的集中收养孤儿、弃婴的设施,包括儿童福利院、社会福利院儿童部、孤儿学校等。目前,全国有儿童福利机构 465 个,床位 9 万张,集中供养孤儿 8.8 万人。① 儿童福利机构在我国儿童福利体系中发挥着骨干作用。首先,具有集中收养的功能。孤儿和弃婴的身心状况决定其不可能完全被收养和家庭寄养,儿童福利机构传统的集中养育功能长期存在,并且发挥着兜底作用,是保障孤儿和其他未成年人一样健康成长的最后一道“安全网”。其次是服务和指导功能。随着大量社会散居孤儿、事实上无人抚养的儿童以及其他困境儿童逐步纳入儿童福利保障范围,儿童福利机构要承担相应的职能。如定期巡访社会散居孤儿的养育质量和生存状况,监督孤儿各项权益的落实。儿童福利机构还可以利用专业优势,为寄养家庭提供养育、康复、特教等方面的指导和培训。最后是辐射社区的功能。随着儿童福利机构在照料、医疗、康复和特教方面的功能逐步完善,在满足在院孤儿、弃

① 民政部《2016 年社会服务发展统计公报》。

婴需要的基础上，还能够辐射社区，为社区家庭的残疾儿童提供所需服务，为社区家庭排忧解难。残疾儿童方面，目前全国已建立了省、市、县三级康复服务体系，为盲、聋、智残儿童少年兴办的特殊教育学校已发展到1600多所。① 孤儿收养服务方面，目前有中国收养中心（负责涉外收养具体事务）和各地方收养管理服务中心。2016年全国办理家庭收养登记1.9万件，其中内地居民收养登记1.6万件，港澳台华侨收养登记131件，外国人收养登记2771件。②

2. 未成人救助保护机构。截至2016年底，全国共有未成年人救助保护中心240个，床位1万张，全年共救助流浪乞讨未成年人5.2万人次。③

3. 司法矫正类机构。少年犯管教所是对已满14周岁未满18周岁的少年犯进行教育、挽救、改造的场所，简称少管所。它是我国劳动改造机关之一。少管所由各省、自治区、直辖市司法机关直接管辖。

4. 教育类机构。儿童重要的学习成长环境之一是学校，包括幼儿园、小学、中学等各类学校。儿童在学校中经常会面临课业压力、升学要求、适应新环境等挑战，同时也会遭遇同学关系恶化、师生关系紧张等问题，这些需求和问题使得对儿童在学校的心理和社会服务是必不可少的。目前，我国各类学校的学生辅导员、就业服务指导教师和心理咨询教师等，都提供相关的服务，部分学校引入专业社会工作者开展学校社会工作服务，为有需要的学生排忧解难。

另外，工读学校作为一种特殊学校，为有违法或轻微犯罪行为的未成年人而办。《中华人民共和国预防未成年人犯罪法》第三十五条规定："对有本法规定严重不良行为的未成年人，其父母或者其他监护人和学校应当相互配合，采取措施严加管教，也可以送工读学校进行矫治和接受教育。"工读

---

① 中国残联副理事长程凯，东亚峰会残疾人社会福利研讨会，2010年9月20日，北京。

② 民政部《2016年社会服务发展统计公报》。

③ 民政部《2016年社会服务发展统计公报》。

学校的教育对象一般是 13 ~ 17 岁，有违法或轻微犯罪行为，不宜留在原校学习，但又不宜劳动教养或判刑的中学生和社会适龄青少年。

5. 青少年事务类机构。青少年事务类单位主要包括青少年宫、儿童活动中心、青年志愿服务指导中心、青少年事务类民办社会服务机构等。这些机构为儿童提供康乐、交友、文体活动的场所和机会，是我国重要的儿童青少年服务机构。

6. 社区组织。社区单位主要包括社区服务中心、城市居委会和农村村委会，以及社区组织。社区是各类儿童生活成长的环境，儿童在社区中接受社会化，学习参与社会活动。不仅正常儿童生活在社区，困境儿童如社会散居孤儿、残疾儿童、受艾滋病影响儿童等也是社区的成员。国际经验表明，加强社区在预防和解决儿童问题，促进儿童发展方面的功能，坚持家庭、社区和福利机构相结合，建立健全儿童福利服务体系，是一个较好的选择。

示例

社会工作参与儿童早期综合发展试点项目①

中国—联合国儿童基金会贫困地区儿童早期综合发展试点项目，是由国家卫生计生委牵头，民政部、全国妇联、国务院扶贫办以及联合国儿童基金会共同合作实施的项目。项目涵盖 4 个国家级贫困县（山西省临县、汾西县以及贵州省松桃县、黎平县），主要针对处于快速生长发育阶段的 0 ~ 3 岁儿童，提供卫生、营养、早期启蒙、儿童保护和儿童福利服务，使儿童身体、心理、社会等获得全面、健康的发展。项目实施过程中，社会工作者主要承担了儿童保护和儿童福利服务，具体包括：

（1）了解和监测 0 ~ 3 岁儿童的家庭情况，包括儿童是否有户口、照

① 相关内容摘自《中国—联合国儿童基金会贫困地区儿童早期综合发展试点项目第二阶段执行文本（2014—2016 年）》。

顾人是否具备监护能力、家庭状况等，及时发现有特殊需求的儿童及其家庭，开展针对性的外展服务，协助解决相应的问题。

(2)为0~3岁儿童的家长及照顾者提供儿童保护方面的培训，提高村民的儿童福利、保护意识，减少对儿童的体罚和意外伤害。

(3)利用村级服务人员发现需要重点关注的家庭(如缺乏照顾者、存在虐待、忽视的风险或现象)，并上报至社会工作者。社会工作者定期对这些家庭进行家访和干预，及时处理可能的儿童保护风险和问题。

(4)对于有特殊需求并无法在村里解决的孩子及家庭，如无人照顾儿童，患大病、重病的儿童，由县乡级的职责对应部门负责进行跟进和转介，确保儿童能够得到专业的服务和支持。

(5)通过技术支持、指导和培训等方式，提升地方相关工作人员的儿童福利和保护意识，提高他们儿童保护和福利相关的知识和工作技能，最终提高村整体的儿童福利和保护状况。

第四节 《指南》的实施要求和注意事项

第一，《指南》中儿童社会工作涵盖了一般儿童和困境儿童，以困境儿童保护为本《指南》的侧重点，同时兼顾一般儿童的预防性与发展性服务，使本《指南》既具有统一性，又兼顾我国儿童福利和保护工作的现状及专业化水平。

第二，《指南》是一部框架性的儿童社会工作标准，提出了儿童社会工作的一般原则、类型、内容、方法和流程，对儿童服务机构社会工作制度建设、人员配置、服务质量管理等提出了要求。上述内容都是通用性的，对于一些具体的儿童工作，例如对于受虐儿童保护社会工作，《指南》并不能提供具体和详细的指引。因此，《指南》使用者应结合实际工作内容和《指南》

要求，灵活、创造性地进行适用；另一方面需要在《指南》框架性、原则性、通用性规范之下制定更细分的标准指引，例如“儿童福利院社会工作指南”“流浪未成年人社会工作指南”“儿童保护社会工作标准”等。

第三，我国儿童保护、儿童福利方面的立法和规范还比较缺乏，现有儿童工作管理和实施机构还比较分散，既制约了儿童福利事业的发展，同时也制约了儿童社会工作实务发展和儿童社会工作者职业生涯发展的空间，所以《指南》的相关规范和要求具有较强的前瞻性、建构性。

第四，我国儿童保护、儿童福利领域专业社会工作者还较少，儿童社会工作专业实践尚处于起步发展阶段，而标准的制定恰恰需要以本土实务模式和经验作为基础和支撑。《指南》的制定和实施是一个动态的过程，需要在使用中不断完善。各地在使用《指南》的过程中面对的挑战和取得的经验，将成为未来《指南》修订完善的重要依据，通过《指南》的修订和完善，逐步规范行业管理，不断提高儿童社会工作服务水平。

第二章 《指南·服务原则》解读

第一节 概述

儿童社会工作的服务原则即在开展儿童社会工作服务时应遵循的基本原则,本指南指出了其中5项较为重要也是儿童社会工作者应遵守的五项原则,包括:优先原则、利益最大原则、伤害最小原则、平等参与原则、生态系统原则。这五项原则是根据联合国《儿童权利公约》的内容并结合我国具体国情和儿童社会工作发展现状进行整理撰写的,在指南起草过程中也按原则的优先次序和重要程度进行了排序。在指南的使用过程中,可根据实际情况统筹考虑各项原则在不同领域儿童社会工作服务中的运用。

第二节 详解

一、优先原则

原文

4.1 优先原则

社会工作者在政策规划、服务计划制订、资源配置和服务提供等方面,应优先考虑儿童的利益和需要。

解读

儿童是国家的未来，民族的希望，而其生理和心理的尚不成熟状况决定了他们是社会上需要予以特殊保护的一个弱势群体，且他们往往难以成为独立而强大的社会有形力量，其权益的发展和保护需依赖其他社会成员才能得以实现，因此总是处于社会意识关注的边缘和"阴影"境地。因此，更需要社会工作者关注这部分有需要的群体，并在服务提供中注重优先原则。

在政策规划方面，所谓"儿童优先"即在涉及儿童的政策、立法和司法活动中，应当优先考虑儿童权利不受侵犯，从而保障儿童生存、发展、受保护和参与等各项权利，提高儿童整体素质，促进儿童身心健康发展。

从政策层面来看，《中国儿童发展纲要(2011—2020 年)》从儿童与健康、儿童与教育、儿童与福利、儿童与社会环境、儿童与法律保护五个领域，提出 2011—2020 年的目标和策略措施，特别提出了要坚持"儿童优先"原则，即在制定法律法规、政策规划和配置公共资源等方面优先考虑儿童的利益和需求。另外，《中华人民共和国国民经济和社会发展第十三个五年规划纲要》也提出："坚持儿童优先原则，实施儿童发展纲要，强化对未成年人生存权、发展权、受保护权、参与权的依法保障和社会责任。完善未成年人监护制度，构建未成年人关爱社会网络，健全社区未成年人保护与服务体系。消除童工现象。制订实施青年发展规划，营造良好成长成才环境，促进学校教育、家庭教育、社会教育协调互动，培养青少年勤学、修德、明辨、笃实的良好品质，激发青少年活力和创造力。加强学校及周边社会治安综合治理，严厉打击危害未成年人身心健康的违法犯罪行为。加强未成年人心理健康引导，有效预防未成年人犯罪。鼓励青少年更多参与志愿服务和社会公益活动。"

从立法层面看，我国在儿童权利保护方面基本上形成了一个以宪法为核心，以《中华人民共和国未成年人保护法》等基本法律和单行法律为骨干，由《中华人民共和国义务教育法》《中华人民共和国母婴保健法》和《中华人民共和国收养法》等民事、刑事和行政法律法规以及地方性法规相配套，由最高人民法院颁发的《关于审理未成年人刑事案件的若干规定》《关于审理未成年人刑事案件具体应用法律若干问题的解释》等相关司法性解释文件为辅助的具有中国特色的未成年人权利保护的国内法律保障体系。该法律体系的宗旨即保护未成年人的权益，未成年人权利保护被置于重要地位，儿童优先原则逐步得到确认和贯彻。特别是在九届全国人大常委会第21次会议上重新修订的婚姻法，十分注重体现儿童优先的立法理念，首先明令禁止“弃婴”，对保护儿童特别是女婴、残疾婴儿的生命权具有积极意义。其次，旧婚姻法中规定离婚时应根据“照顾女方和子女权益的原则判决”，新通过的婚姻法将“子女”放在“女方”之前，即应根据“照顾子女和女方权益的原则判决”，父母离婚时考虑以子女利益为先，体现了父母离异应以不伤害未成年子女福利为前提的“儿童本位”的立法理念。同时，我国还加入了诸多儿童权利保护的国际条约，如《联合国少年司法最低限度标准规则》《联合国保护被剥夺自由少年规则》等。这些国际条约是《儿童权利公约》在特定儿童保护领域的特殊展开，无不以儿童利益优先为其追求。我国将国内法与这些国际法相衔接，将儿童优先原则作为在儿童保护立法和司法方面所应遵循的一项基本原则，这就更利于儿童利益最大原则在我国的具体实施和运用。

从司法实践的层面看，在刑事和民事等各类案件的审理中，注重考虑未成年人的身心健康的发展，结合未成年人的生理和心理特点，确立了多项不同于成年人案件的审判制度，如设立专门的审判庭审理未成年人案件、未成年人案件不公开审理制度、全面调查制度等。在执行中，坚持“教育、感化、挽救”的指导方针，遵循“以教育为主、惩罚为辅”的原则，确立了分管分押制度、在适用标准上松于成年人的减刑、缓刑和假释制度，并积极探索违法犯罪未成年人的非刑罚转置处置措施等。未成年人案件的审理和执行中的特殊制度，正是儿童优先原则的体现，坚持把儿童放在优先考虑的地位，切实保障儿童生存、发展、受保护、参与等各项权利，促进儿童身心健康发展，是少年司法所应追求的首要价值。

在服务计划制订、资源配置、服务提供等方面，随着社会的转型，家庭和儿童在社会中的地位发生了较大的改变，儿童问题已经不再是原先人们认识中的单纯家庭问题，已经是关涉社会长久发展和长期稳定的社会问题，带有广泛的社会共性和普遍意义，这些因素都构成了儿童社会工作服务居于社会服务优先地位的充分条件。可见，把处于弱势地位的儿童列入社会工作服务的优先群体，对于促进社会公平正义与和谐发展具有重要而又深远的意义。社会工作者在开展相关服务时应注重考虑儿童的利益，切实关注儿童的需要，并在同等条件下，优先为儿童提供服务。

示例

中国儿童福利示范区项目(2010—2015)①

“中国儿童福利示范区项目(2010—2015)”是由民政部社会福利和慈善事业促进司、联合国儿童基金会、北京师范大学中国公益研究院三方共同合作开展的儿童福利服务。该项目在山西运城地区、河南洛阳和驻马店地区、四川凉山彝族自治州、云南德宏傣族景颇族自治州和新疆伊犁哈萨克自治州的12个县120个村进行试点，覆盖8万余名儿童。项目依照联合国《儿童权利公约》及我国有关政策，将儿童福利的服务对象范围由孤儿和脆弱儿童扩展到所有儿童，将儿童福利递送体系延伸到村或社区，将服务的内容由“治疗康复”型服务扩展为“预防治疗康复相结合”的普惠型服务。项目旨在探索儿童福利服务体系建设，促进家庭和社会形成保护儿童的共识，推动国家儿童福利立法。

项目以社区“儿童之家”或“儿童服务中心”为依托，以基层儿童福利主任、教师、村(居)委会成员、村医等为骨干，以儿童家庭为基础，针对普通儿童提供风险识别、安全、预防虐待等基本福利服务，针对有特

---

① 《中国儿童福利示范区·五省十二县项目》，民政部网站，http://sw.mca.gov.cn/article/zwgk/mzbhshzzxm/201301/20130100405378.shtml，2017年12月12日。

殊需求的儿童提供医疗、康复、福利救济等特殊的儿童福利服务。

该项目探索实行的基层“儿童福利主任”制度为国家有关政策安排提供了经验和参考。2016 年国务院出台的《关于加强困境儿童保障工作的意见》明确规定：村(居)民委员会要设立由村(居)民委员会委员、大学生村官或者专业社会工作者等担(兼)任的儿童福利督导员或儿童权利监察员，负责困境儿童保障政策宣传和日常工作，通过全面排查、定期走访，及时掌握困境儿童家庭、监护、就学等基本情况，指导监督家庭依法履行抚养义务和监护职责，并通过村(居)民委员会向乡镇人民政府(街道办事处)报告情况。

该项目的策划和实施体现了儿童社会工作服务中的优先原则，即在项目设计和服务计划制订时优先考虑儿童的利益和需要。项目组根据实际调研，了解到不同儿童的需要，针对普通儿童提供风险识别、安全、预防虐待等基本福利服务，针对有特殊需求的儿童提供医疗、康复、福利救济等特殊的儿童福利服务，将儿童福利递送体系延伸到村或社区，将服务的内容由“治疗康复”型服务扩展为“预防治疗康复相结合”的普惠型服务。

二、利益最大原则

原文

4.2　利益最大原则

社会工作者应以儿童为中心，从儿童身心发展特点和利益出发提供专业服务，最大限度保障儿童权益。

解读

儿童利益最大原则是指凡涉及儿童的事宜，一切以有利于儿童的生存、保护和发展为首要考虑因素。儿童利益最大原则是处理儿童有关问题应当遵循坚守的根本原则,也是制定保护儿童权利的法律的指导思想。利益最大化原则要求社会工作者应以儿童为中心,从儿童身心发展特点和利益出发提供专业服务,最大限度保障儿童权益。

(一)"利益最大原则"的演变

"利益最大原则"最早由1959年获得联合国大会通过的《儿童权利宣言》确认为保护儿童权利的一项国际性指导原则。该宣言原则二规定:"儿童应该受到特别的保护,并应通过法律或其他方法获得机会和便利,使其能够在健康而正常的状态和自由与尊严的条件下得到身体、心智、道德、精神和社会等方面的发展。在以此为目的而制定法律时,应以儿童的最大利益为首要考虑。"

此后,这一原则在若干国际公约和区域性条约中又多次被重申,如1979年联合国《消除对妇女一切形式歧视公约》第16条第1款第4项规定,任何与婚姻和家庭相关的事务中,"均应以子女的利益为重";1986年《关于儿童保护和儿童福利、特别是国内和国际寄养和收养办法的社会和法律原则宣言》第5条规定:"在亲生父母以外安排儿童的照料时,一切事项应以争取儿童的最大利益……为首要考虑";1987年《非洲儿童权利和福利宪章》第4条规定:"任何个人或当局所作的涉及儿童的行为,应首要考虑儿童的最大利益。"1987年,联合国难民高级专员署执行委员会就难民儿童问题明确提出:"强调对于涉及难民儿童利益的一切行动均应以儿童的利益最大原则和家庭统一原则为指导。"

1989年《儿童权利公约》的制定和颁行是确立儿童利益最大原则的里程碑,其中第3条第1款明确规定:"关于儿童的一切行动,不论是由公私社会福利机构、法院、行政当局或立法机构执行,均应以儿童的最大利益为一种首要考虑。"公约还以该条款为参照,制定了众多条款来规定特定情形下应如何贯彻儿童利益最大原则。如第9条第1款和第3款规定了主管当局判定儿童与父母分离必须要"符合儿童的利益最大而确有必要";第18条第1款规定了父母履行对儿童的责任时,"儿童的利益最大将是他们主要关心的事";第20条第1款规定了使儿童脱离家庭环境不得违背儿童的"利益最大”;第21条规定“凡承认和(或)允许收养制度的国家应确保以儿童的利益最大为首要考虑”;第37条第3项规定“所有被剥夺自由的儿童应与成人隔开,除非认为反之最有利于儿童”;第40条第2款第2项规定了主管当局或司法机构在审理儿童案件时也应遵守“利益最大原则”。

从公约的这些规定可以看出,公约特别强调把儿童作为个体权利主体来加以保护,它赋予了《儿童权利宣言》中的“利益最大原则”以条约法的效力,对儿童权利的保护发挥了重大的作用。总体而言,这一原则被国际社会普遍接受为儿童权利保护的最高准则,因此在《儿童社会工作服务指南》的服务原则中特别强调该原则。

(二)利益最大原则的内涵

儿童利益最大原则包含了两方面的内容,一方面是儿童具有独立的权利主体地位;另一方面是儿童利益必须高于其他利益,只要涉及儿童的事宜都必须以有益于儿童为出发点,以儿童的利益最大为中心。所以,儿童利益最大原则的含义是:儿童是有着独立权利主体地位的人,要将儿童利益放在首位,在儿童利益与成年人利益发生冲突时,要优先考虑儿童的利益,不仅要从主观上考虑到儿童的精神利益,也要从客观上考虑到儿童的实际经济利益,从而实现儿童利益的最大化。尤其在法律层面,立法机关、行政机关、司法机关在处理儿童事务时,必须要首先考虑儿童的利益,将儿童的利益放在最高的位置,保障儿童的生存与发展的权利。制定涉及儿童的法律法规时,要以儿童利益最大原则为指导原则,最大限度地保护儿童的身体、心智、道德、精神和社会等各方面的发展权利。社会工作者在开展儿童服务时应重视并应用这一原则,涉及儿童司法层面的问题时也应根据该原则为儿童争取最大利益。例如,倡导司法机关在裁判有关儿童的案件时,首先考虑儿童的生存与发展,而不是首先考虑成人的利益,确保儿童的基本权利得到保障。

示例

恢复性少年司法实践

2006年11月6日15时许,在某区一中学附近,发生了一起在校中学生的抢劫案。公安局接到报案后及时组织侦查,迅速抓捕了参与作案的7名在校中学生,为了能在惩治犯罪的同时,教育、挽救和矫治违法青少年,检察院侦查监督部门派人员介入该案调查。

首先建议公安机关对3名年龄不满16周岁的犯罪嫌疑人采取非羁押性的强制措施。其次,公安部门以涉嫌抢劫犯罪提请批准逮捕另外4名已满16周岁不满18周岁的未成年犯罪嫌疑人时,检察院侦查监督部门又派专人审查材料及证据。在提审犯罪嫌疑人时,检察人员详细了解了4名犯罪嫌疑人的思想动态和犯罪原因,耐心地对他们进行宣传教育,帮他们认识到自己的行为给受害人带来的危害,真诚地写出悔过书。随后,检察院专门召集犯罪嫌疑人的亲属座谈,请求家长支持犯罪嫌疑人赔偿受害人损失的愿望,并责成家长落实管理、教育的责任,要求每位家长拟定具体的管理措施。犯罪嫌疑人就读中学的校领导和班主任,也表示要加强帮教工作,不歧视犯罪嫌疑人。经过努力,被害人及亲属明确表示谅解未成年犯罪嫌疑人,同意检察机关不追究刑事责任。最后,检察院依法作出了不批准逮捕的决定。随后,这几名未成年犯罪嫌疑人继续在学校学习,接受帮助。

自1984年11月,上海市长宁区人民法院建立起我国内地第一个少年法庭的20多年来,对违法少年的"教育、感化和挽救"与保护日益成为少年司法改革的一个具体努力的目标。上述案例可以看成是恢复性少年司法的一个实践。上海等地采用青少年社会工作者、"合适成年人"等替代"代理家长"的做法,更是一种十分有意义的探索。首先是司法部门进一步的改革,特别是理念上的变革,进一步牢固树立"儿童利益最大""双向保护,儿童优先"等观念,如对违法犯罪儿童的量刑应注重教育和矫正,将犯罪嫌疑人视为独立的人等;其次是要充分发挥社区的作用,整合我国共青团、儿童保护组织等青少年儿童保护资源,和社区资源一道,在犯罪未成年人矫治上发挥更积极的作用;最后,对犯罪未成年人实施专业服务是其获得持续发展的重要保证。

(三)利益最大原则的要求

儿童利益最大原则是实现和维护儿童权利的原则性条款,也为开展儿童社会工作服务的社会工作者提供了指导性的要求。

第一,保护儿童利益。社会工作者应从儿童的立场出发,树立正确的儿童观,为儿童事项的合法合理解决提供处理依据,并在实践中真正实现和维护儿童利益。

第二,约束成人的行为。既然是"最大"利益,那么儿童事务在实际处理过程中,就能优先于成人利益得到满足和维护,这也是成人社会的义务所在。不管是在亲子关系中,还是儿童所处的其他社会关系中,社会工作者可以将该原则作为处理儿童事务的准则,对立法机关、司法机关、行政机关、社会各界和父母漠视、侵害儿童权益的行为进行约束。

三、伤害最小原则

原文

4.3　伤害最小原则

社会工作者在工作中如果无法避免造成伤害,尽量选择对儿童造成伤害最小的方案,或者是最容易从伤害中恢复的方案。

解读

按照伤害最小原则,当面临的困境有可能对儿童造成伤害时,社会工作者应尽可能避免或防止这样的伤害。当不可避免会伤害到与问题有牵连的一方或另一方时,社会工作者应该优先选择造成的伤害最小、带来的永久性伤害最少和伤害最容易得到弥补的方案。如果已经造成了伤害,社会工作者应尽可能弥补。

(一)伤害最小原则的内容

社会工作者在处理儿童问题的时候,常常需要与儿童相关联的多方对象打交道，在儿童伤害最小原则中，首要的就是保护其生命安全。这一原则适用于所有儿童案主，因为生命权作为人所有权利中最为基本的一项，若是受到损害，就不可能享有其他任何的权利。因此，即便是面临“保密与否”及“案主自决”“知情同意”的伦理困境，仍要将儿童的生命置于首要位置，秉承服务对象伤害最小原则，维护其生命安全。在接案过程中，若遇到如果继续秉承保密原则，极有可能会对儿童造成伤害的情形，社会工作者就应该思考，在向第三方透露这些隐私前应当如何征得儿童的同意，是由儿童自己还是由社会工作者来告知，仔细考量隐私的透露会在多大程度上影响社会工作者干预的效果，会给儿童造成多大的伤害，以及怎样才能使伤害降到最低等一系列问题。

在儿童社会工作服务中，对受虐儿童的辅导是儿童社会工作介入的第一步，它优先考虑的是儿童的安全，进而协助儿童沟通及表达他们的感觉。除此之外，社会工作者还须与家庭、学校、医院、司法部门、公安机关、儿童和青少年保护机构以及社区有关力量或社会资源密切配合起来，对受虐儿童予以积极的介入。如警察的介入方式——逮捕施虐者对降低儿童暴力的发生率有显著影响；学校及其老师通常能够比较早地察觉受虐儿童的异常情况；而医院则能够提供受虐儿童在生理上遭受伤害的医学诊断，所有这些社会力量都需要社会工作者与之密切联系，相互商讨对受虐儿童的介入和辅导方案，最终目标是把对受虐儿童的伤害降低至最低限度。

（二）伤害最小原则的伦理困境及对策①

当服务对象的问题与其他人的利益有所牵连时，伤害最小原则要求选择给服务对象带来伤害最小、最少的永久性伤害或者是最容易抚平的伤害的方案，但是在具体的社会工作服务中，有可能遇到伦理困境，因此需要社会工作者认真分析，综合考虑，给出解决方案和对策。

当伤害最小原则与服务对象意愿相冲突时，社会工作者应按照伦理原

① 阮丹：《浅谈社会工作中的伤害最小原则》，《青年与社会》2014 年第 21 期。

则进行工作,可以更加顺利地完成任务。案主自决仅次于伤害最小原则,这要求社会工作者需要尊重服务对象个人的想法,确保案主自主决定的权利。但在遇到问题时,需要帮助其理性分析利害得失,并能使伤害减小到一定程度。对于儿童社会工作者来说,面对的服务对象有可能是无法表达自己想法的儿童,这就需要社会工作者将儿童的生理和心理安全放在第一位,避免对儿童生理和心理的伤害。

当伤害最小原则与法律法规相违背时,如服务对象所面临的问题违犯了国家法律,比如吸毒、谋杀、虐待等不当行为,这种情形下伤害最小原则需要让位于国家法律,社会工作者必须向公安或者检察机关报告。在儿童社会工作服务中,面对犯罪的未成年人服务对象,社会工作者应根据情况依据法律进行处理,但同时也应尽可能地了解相关的法律法规和政策文件中对于未成年人犯罪特别处理的情况,尽可能将伤害减至最小。

伤害最小原则的提出,就意味着社会工作者在工作中难免会遇到伤害服务对象的情况,其中可能包括对服务对象物质利益的损害、身体伤害、精神损害等,这体现了伤害最小原则提出的必要性及社会工作的局限性。在工作过程中,坚守伤害最小原则能一定程度上帮助社会工作者与服务对象建立良好的沟通基础和信任关系,能够体现社会工作的专业性,保证专业社会工作的顺利开展。

四、平等参与原则

原文

4.4　平等参与原则

社会工作者应创造公平的环境,确保儿童不因民族、种族、性别、家庭出身、宗教信仰、教育程度、财产状况、居住期限受到任何歧视,保障所有儿童享有平等的权利与机会。

社会工作者应鼓励和支持儿童参与同自身利益相关的服务活动,尊重其在权利和能力范围之内的自我决定和行动。

解读

平等参与原则涉及儿童平等权以及儿童的参与权。

（一）保障儿童平等权的原则

1. 儿童平等权的内涵

儿童平等权是一种基于实质平等、形式平等的价值和道德内涵，是一项由法律保障的儿童基本权利，强调在实现平等价值的过程中为儿童提供平等的机会，而非强调最终发展结果的平等。儿童平等权在儿童权利理论和政策实践中被表述为“无歧视”原则，即儿童不能因为其天然的条件，如自身生理发展不成熟、父母所处阶层等各种社会因素而受到任何形式的歧视。

儿童平等权确立的基础是儿童作为人的资格，因而，儿童与成年人一样，作为主体所享有的平等性是不证自明的。这就要求社会工作者应确保儿童不因民族、种族、性别、家庭出身、宗教信仰、教育程度、财产状况、居住期限受到任何歧视而进行区别对待，应予以平等的保护。要平等地关注儿童，绝不能只关心他们中的少数，避免出现对儿童的歧视性待遇。这种歧视性待遇可能出现在同一儿童群体中只关心儿童中的一部分，不关心另一部分，或者对于不同群体的儿童给予差异较大的区别待遇。

与成年人相比，儿童由于自身的脆弱性和依赖性，往往更容易受到伤害，尤其是对于一些处于社会排斥地位的儿童，因为其身份又为其增加了多重的劣势。因此，从社会现实来看，只强调平等和不歧视地对待儿童，并且把对儿童生存权的保护局限于对成年人与儿童以及不同儿童群体的平等保护，远远不足以为儿童提供充分的保护。为了矫正社会中已经存在的不公、歧视以及各种排斥，社会工作者不仅要将儿童与成年人置于平等的法律地位，更要采取一些特殊的保护措施，向儿童提供特别的保护和帮助。尤其对于处于弱势地位的儿童，其生存权的保障更需要倡导政府和社会进行资源、制度和政策的倾斜，最终把法律上的以及形式上的平等转化为事实上的、本质上的平等。

2. 儿童平等原则的内容

社会工作者应遵守儿童平等原则的相关要求，下文从性别、家庭出身两个方面结合当前社会现状和问题具体阐述儿童平等原则的内容。

(1)坚持性别平等原则

社会上重男轻女的传统思想仍然很严重，一些父母为了得一个儿子，常常会选择通过 B 超鉴别胎儿性别，留住男孩，堕掉女孩。父母通过各种手段，不惜伤害已经成形的女童，法律对他们这种残忍的行为进行惩罚与约束的力量很弱小。女童也是一个活生生的人，也是一个有血有肉的生命，父母、医院应该反对产前人为伤害女童的事情，法律应该惩处产前伤害女童的行为。尊重女童的生命权不仅体现在保护女童的个人利益，也在长远地保护着国家利益。在男女比例严重失衡的今天，女童的存在对于社会性别比例的均衡发展，对于国家的安全与稳定至关重要且意义重大。女童的权利保护工作仍要经历一个漫长的过程。

(2)坚持家庭出身平等原则

家庭出身一般指儿童所在家庭的社会经济地位(阶级、阶层)。随着社会经济的发展，贫富差距明显，但儿童无法选择是出生在富裕的家庭还是贫困的家庭;是出生在城市还是农村，因此儿童社会工作者在提供服务时不应歧视农村或农民工家庭出身的孩子，应平等对待每一个孩子。近年来，国家和政府也更加关注农村留守儿童和贫困地区的儿童，力求给予他们平等发展的机会。如民政部、财政部、国务院扶贫办 2017 年发布的《关于支持社会工作专业力量参与脱贫攻坚的指导意见》(民发〔2017〕119 号)中就提到：“支持专业社会工作力量参与贫困地区留守儿童关爱保护。联合相关部门、会同相关力量开展贫困村留守儿童及家庭的监护随访、调查评估、监护指导等工作，督促指导农村留守儿童家庭承担监护主体责任。以困境儿童为重点，开展成长辅导、法制宣教、临界预防、行为矫正、社交指导、情绪疏导等服务。配合学校和社区做好适龄儿童‘控辍保学’工作和成长关爱服务。”

(二)尊重儿童的参与权

儿童对于社会事务的参与不仅仅是对儿童人格的尊重,也是培养儿童参与意识的绝好途径,有利于参与意识健康地发展。儿童虽然从总体上说,其思维意识不成熟,但是并不代表其没有思维意识,儿童成长到了一定阶段,也会有自己的思想和思维能力,能够在涉及儿童自身利益的事务方面提出自己的观点,能以儿童的视角提出各种措施,更能为将来的社会参与打下基础。

对儿童参与权的承认,其含义应该是对儿童作为权利主体的认定,参与权是儿童作为能发表独立观点、意见的个体,而不是作为成年人社会的附属品存在的,成年人不能作为儿童的全权代理,干涉儿童一切行为和事务,在关乎儿童事务中必须尊重儿童的意见。

因此,社会工作者在开展儿童服务时应遵循这一原则的要求,积极鼓励支持儿童参与到同自身利益相关的服务活动中,发挥儿童自身的重要作用,也是尊重儿童权利的重要体现。

示例

处分学生听证制度

处分学生是学校管理中对存在行为偏差学生的一种教育方式。长期以来,我们大多强调其在管理上的职能,却忽略其教育的功能,特别是忽略了对学生权益的保护。

2003年9月,北京市海淀区教委为认真贯彻落实《中华人民共和国未成年人保护法》和《中华人民共和国预防未成年人犯罪法》,以维护未成年人的合法权益,保障未成年人健康成长,不让一个学生掉队为出发点和落脚点,积极创建中小学生处分听证会制度,即处分学生过程中需经听证,进行“四听取”:(1)听取犯错误学生本人申辩;(2)与本事件有关的学生及家长申诉;(3)犯错误学生家长的申诉;(4)班主任老师的申诉。

在上述过程中，班主任、辅导员、班里的学生干部、德育处的辅导老师都会找受处分的学生谈话，帮助其认识问题，平稳情绪。在做好工作，并有充分证明依据的基础上，再作最后的处分决定。

“处分听证制度”为学校、教师、学生互相尊重、平等对话搭建了平台；给犯错误学生一个解释、申辩的机会，有利于促进其承担处理结果，实现自我反思；给参与的同学以启迪和教育，受到警示，引以为戒。通过学生参与，不仅实现了教育的目的，培养了学生的民主素质，还维护了学生的合法权益。

给犯错误的学生以申辩的机会，不仅保护了犯错误学生的合法权益，更重要的是实现了学生的民主参与，对全体学生进行了民主教育。在这一过程中，社会工作价值理念和方法的介入十分必要。

(1) 必须树立正确的儿童观、教育观，贯彻民主法治精神，给学生和家长充分申辩的权利和机会，把处分的过程化作自我教育的过程。

(2) 始终把对学生的积极引导、对其权利的保护放在首要位置，把对一个学生的处置过程转化为对全体未成年人的教育过程。使未成年人学会依法维护自己的合法权益，学会理性判断是非曲直，增强自我保护、自我教育的能力，增强预防违法犯罪的意识。

(3) 依据《中华人民共和国未成年人保护法》，对涉及学生隐私或可能造成较大负面影响的违纪事件，不宜公开举行“学生处分听证会”，这将有利于对未成年人的教育，也是对未成年人权利的尊重。

(4) 社会工作个案技巧的介入，有利于受处分学生的认知和发展。

给犯错误的学生以申辩的机会，不仅保护了犯错误学生的合法权益，体现了学生为主体、平等对话的精神，同时也实现了学生的参与，这对犯错误学生以及其他参与的同学都有一种启迪、教育的意义。

五、生态系统原则

原文

4.5 生态系统原则

社会工作者应重视家庭的作用，运用生态系统的观点，从儿童自身及其与家庭、朋辈群体、社区、学校、服务机构等的互动关系中分析儿童问题，识别所需资源，提供专业服务，促进儿童发展。

解读

1. 生态系统的观点

生态系统理论是社会工作的重要基础理论之一，其核心观点是：有机体或生命系统与其环境之间存在着持续的交流和互动。人们的问题并不是由自身引起的，问题的关键在于人与环境的关系。它是用以考察人类行为与社会环境交互关系的理论。该理论把人类成长生存于其中的社会环境（如家庭、机构、团体、社区等）看作是一种社会性的生态系统，强调生态环境（人的生存系统）对于分析和理解人类行为的重要性，注重人与环境间各系统的相互作用及其对人类行为的重大影响，它注重把人放在环境系统中加以考察，注重描述人的生态系统如何同人相互作用并影响人的行为，揭示了家庭、社会系统对于个人成长的重要影响。

2. 生态系统原则的应用

生态观点的价值在于，它对人在环境或情景中提供了一种综合的观点，因此，它可以包含各种介入模式和方法。它使社会工作者能够综合评价服务对象的优点、不足、冲突或紧张等状态。社会生态系统中的微观、中观、宏观系统是相互影响的，因此，在儿童社会工作服务中，社会工作者应当学会在微观、中观、宏观多种要素相互作用的社会环境背景下评估儿童的行为。

不仅如此，在微观系统内部，生物的、心理的和社会的事件会在人的一生中相继发生，并持续地相互作用，影响人的行为。因此，社会工作者看问题不应仅限于其中的某一个系统而忽视了其他系统的影响，要注意各种生态系统及其要素之间的相互影响。

对于儿童而言，其健康状况、学习成绩、性别、年龄、能力、家庭、学校、同辈群体等都属于微观系统的层次。家庭与学校之间的关系、学校与社会生活之间的关系、人际互动、与同辈群体或教师相处的经验等都属于中间系统的范畴。其学校持有的教育理念、学校所处的社区环境、家庭居住的社区环境、社会组织及大众传播媒体的影响、教育主管单位、父母的工作单位氛围等都是属于外部系统的范畴。社会制度、文化、价值观、教育政策与法规、与儿童相关的其他政策措施等都属于宏观系统。正如生态系统理论所强调的，个体的改变不仅受个人与环境间直接互动的影响，也受到周围各种系统间相互作用的影响，儿童的改变不是其单独个体的事件，而是要受到多层系统的影响，个人的生理—心理—社会系统、家庭系统、学校与同辈群体、宏观系统的价值观与社会意识形态等，每个系统都直接或间接地与其他系统及个人互动并以复杂的方式影响着个体的发展。因此，必须全面了解儿童所处的复杂生态系统，从而分析问题、识别资源、提供专业服务，增进社会和自然环境对儿童个体需求的回应。

示例

生态系统视角下社会工作介入学业困难流动儿童

11 岁的小艾今年被父母从农村老家接到石家庄读书，就读于城乡接合部的一所学校。小艾自幼与爷爷奶奶生活在一起，学习无人指导，基础比较差。到城里后，原本在老家读五年级的她被安排到四年级就读。由于老家的小学没有正式开设英语课，而城里从三年级就开始学英语了，因此她英语课听不太懂，有些害怕上课。小艾的弟弟刚读一年级，学习成绩很好。她有个儿时的好伙伴巧巧比她早一年到石家庄，与她就读于同一所学校，学习成绩比较好。小艾几乎没有跟父母共同生活的经验，跟父母有距离感。父母在城里经营餐馆，生意兴隆但很劳累。脾气不好的父亲常常嫌小艾学习成绩差给他丢脸，本来就怨恨父母没有养育过自己的小艾对此很生气，也很伤心，经常顶撞父亲，父女关系很僵。

了解小艾的情况后，社会工作者认为小艾的主要问题是英语成绩差和亲子关系紧张，与此问题相关的生态系统有个人系统、家庭系统、学校系统和朋辈系统。在个人系统方面，小艾缺乏学习技能，没有养成良好的学习习惯，但是其他科目的成绩还可以，并且表示很想把英语学好。在家庭系统方面，小艾的父亲脾气火暴，但母亲比较温和，两人经营摊铺都比较忙，没有时间辅导孩子学习，不知道怎样合理地教育孩子。在学校系统方面，小艾的班主任和英语老师对她比较有耐心。在朋辈系统方面，有一个熟悉的好朋友使小艾很快适应了新生活，在学业上也可以帮助她。社会工作者分析后认为，学校系统和朋辈系统是小艾可以利用的资源，个人系统和家庭系统是需要改变的系统。社会工作者首先帮小艾制订了一个英语学习计划，每天早、晚听读英语各半小时，晚上再写半小时；小艾答应社会工作者以后不懂的地方就请教别人，特别是好朋友巧巧。社工又跟小艾的父母交谈，与父亲约定不能随便发脾气，要多了解孩子的优点，可以监督孩子学习，但绝不能责骂孩子。小艾的父亲买了三年级用的英语课本以及一部点读机送给她，并且听从社会工作者的建议，与小艾的老师沟通，请他们对小艾多些理解和耐心。父亲的行为让小艾心里好受了许多。

由于父母的流动，流动儿童的学习环境发生变动，户籍地和居住地的不同使他们往往不能在教学质量较好的公立学校就读，加上不同地区使用的教材不一样，教师教学的方法、进度以及对学生的要求不一致，从而导致大量学习困难儿童的出现。根据生态系统理论的观点，案主小艾的学业困难不是因为其个人智力缺陷所致，而是由于学业缺乏指导、没有养成良好的学习习惯，以及无法合理应对生活变动带来的压力，其中有案主个人的原因，更有家长和学校责任不到位的问题。社会工作者着力于改善她的个人系统、家庭系统、学校系统的状况，改善系统间的关系，并且从朋辈系统中寻找资源，这种做法是合适的。

示例

生态系统视角下社会工作介入流动儿童健康教育

深圳市某社区是传统的“插花地”之一，由于房租较低，这里吸引了大量低收入群体居住。社区中的房屋一半以上是出租屋，且分布特别密集。在10289名常住人口中，90%以上是流动人口，他们大多是珠宝厂的工人、超市员工、商贩、蓝牌车主等。居住人口比较年轻，已婚人士大约40%左右，16岁以下的儿童青少年有1000多名，多数就读于附近的几所民办学校，少数就读于公办学校。该社区问题较多，存在较多的安全隐患：自建楼房较多，见缝插针，建设缺乏规划，产权关系复杂；边坡较多，坡边房屋众多，遇到持续暴雨和台风等恶劣天气时面临滑坡倒塌的危险；道路狭窄曲折，路网不成体系，区域交通通行能力差；社区内电力、视讯、网络、电话等线网杂乱，存在较大的消防隐患；人口构成复杂，人口素质整体偏低，治安形势虽有所好转，但整体仍不容乐观。

社区服务中心成立以后，社会工作者把对流动人口的服务作为工作重心，并选择以流动儿童服务为切入点开展工作。鉴于该社区安全隐患较多,儿童的健康成长受到威胁,社会工作者首先要做的就是社区健康教育。社会工作者的工作包括:(1)在常规服务中加入健康咨询,为有需要的居民提供健康信息。(2)举办社区健康知识宣传及义诊活动。(3)根据需求情况,开办有针对性的健康讲座,满足居民健康知识需求。(4)争取经费,编辑健康知识手册(包括常见疾病的预防、营养健康知识、日常安全常识、灾难自救手段等),并免费发放给居民。(5)组织针对儿童的运动兴趣小组,既能调动儿童锻炼身体,又能增加朋辈交往的机会。(6)举办家庭趣味运动会,提倡全家总动员,改善亲子关系的同时还能促进社区居民的交流互动。(7)举办社区厨艺大赛,既能宣传营养知识,又能增添社区活力。(8)倡导居民重视安全问题,清理违规线网,美化社区环境。(9)发动社区企业参与到社区建设中,资助购买社区健身器材和儿童游乐设施。(10)建议政府相关部门重视该社区的安全问题,加大投入解决该问题。

从上述案例中可以看出,社会工作者综合运用了多种工作手法,包括社区宣传、讲座、咨询、小组活动、社区活动、社会倡导等,工作的对象不仅包括流动儿童,还有家庭、居民、企业以及政府,几乎干预案主所在空间的各个层面,这与生态系统观点所倡导的多元层面、多元系统的干预原则是一致的。此外,社会工作者的目标不仅在于促进案主健康意识和实际技能的提高,还在于争取各方(包括家庭、社区、企业、政府等)资源为案主构建一个滋养型的生长环境,这正是社会生态视角力图达到的目标。

第三章 《指南·服务的主要类型》解读

第一节 概述

根据干预方式以及对儿童所处环境的改变程度，儿童社会工作服务可以分为支持性服务、保护性服务、补充性服务和替代性服务四类。

支持性服务主要通过支持家庭的方式，达到促进儿童健康成长的目的，其对儿童所处环境作出的改变程度最小。支持性服务注重运用家庭自身的力量，为家庭中的儿童提供支持，例如为家庭教育提供心理咨询和抚育帮助，增进父母的亲职功能服务等。

保护性服务关注的重点已不是仅仅局限于运用家庭自身的力量来为儿童提供帮助，而是要借助来自家庭外部的监督和干预性服务，来防止儿童受到虐待、忽视和剥削。如儿童保护热线、儿童防性侵服务，为受伤害的儿童提供庇护和心理干预，为离婚家庭儿童提供心理疏导等。

补充性服务主要是针对家庭结构与功能发生的某些负面变化，通过经济补助或收入保障计划，弥补家庭对儿童照顾功能的不足。例如帮助相关家庭申请社会救助，包括现金救助、日用品的补助和托育服务等。

替代性服务主要是针对儿童原有家庭结构解体、家庭照顾功能缺失或儿童处于非常危险的境地而采取的临时性或永久性的替代家庭照顾功能的服务。例如，家庭寄养、收养、儿童福利院和未成年人救助保护中心对儿童的安置服务等。部分替代性服务需要将儿童从其原来的家庭中分离出来，其对儿童所处环境所作出的改变程度最大，是儿童保护的最后一道防线。

第二节 详解

一、支持性服务

原文

5.1 支持性服务

重视环境自身的力量，通过环境培育的方法，提高儿童所处环境的功能，强化照料者的能力，促进儿童健康成长。例如为家庭教育提供心理咨询和抚育帮助，增进父母的亲职功能服务。

解读

家庭，是儿童健康成长的最佳环境。良好的婚姻关系和家庭观念不仅是家庭稳定和谐的基础，更是保证儿童成长需要得到满足的基础。因此，促进儿童健康成长最有效的办法就是支持家庭，通过这种环境培育，改善家庭关系，避免婚姻破裂，保证家庭的稳定性，充分发挥父母的亲职作用，从而提高儿童所处环境的功能。社会工作者通过提供心理咨询、压力管理训练、儿童照顾等服务，提升照料者解决和应对家庭压力的能力，为儿童营造一个健康成长的家庭环境。社会工作者还应注重在不同组织之间建立合作关系，特别要与托儿所、学校和医疗机构建立合作关系，以便及早发现问题，防患于未然，减少家庭问题对儿童成长带来影响的风险。

示例

协调亲子关系，回归学校生活

（一）接案

与案主的第一次面谈。读初中的案主小陈想退学，因为他认为“学习没意思”，父亲总是替他作决定，一手包办将他送到这所学校，小陈认为父亲没有真正关心他。

与案主父母的第一次面谈。小陈的父亲是老师，表现很强势，对儿子很不理解。小陈母亲态度温和，表示要听小陈的意见，小陈父亲认为是小陈母亲惯坏了小陈。

与案主的第二次面谈。小陈从小因为父亲是学校老师，经常受其他同学欺负，性格内向孤单。小陈学习不好，父亲觉得没面子，经常不分青红皂白地责怪小陈。小陈对父亲越来越失望，不再听父亲的话，父子关系越来越僵。

（二）预估

这个个案最初的介入焦点原本在于案主想退学的问题上，然而在与案主及其父母进行初步沟通后发现：案主的家庭存在一些问题，家庭成员之间的关系尤其是父子关系比较紧张。案主想退学，究其根源是不良的家庭成员关系所导致的。解决案主家庭系统的问题，也就在很大程度上解决了案主想退学的问题。因此，介入的重点放在改善小陈的家庭关系特别是父子关系上。

（三）介入

与案主的第三次面谈，主要目的是试图解开他心中的结，缓和他和父亲在心理上的对抗，为父子间的良好沟通进行铺垫。社会工作者向小陈讲述了父亲对他的印象和看法，同时，跟他讲了父亲的想法和苦衷。工作者让小陈试着站在父亲的角度来看待事情，以此来体谅父亲的心情，强调也许父亲的教育方式不合理，但对小陈的关心是毋庸置疑、不容忽视的。

第一次家庭关系印象测定：父亲在家中处于支配地位，母亲性格温和，无力改变父亲的教育方式。父母都关心孩子，但在教育方式上未达成共识，往往是父亲拿主意，母亲有想法却无能为力。家庭系统中，父子关系比较薄弱，夫妻子系统内夫妻双方关系比较紧密，两者之间的互动是解决孩子问题的关键。

第二次家庭关系印象测定:父亲的情绪缓和了许多,小陈也一直认真听,大家坦诚谈了自己的想法,家庭成员沟通比较顺利。为了使家庭成员间关系更加紧密,社会工作者建议小陈的父母经常开一些小型的家庭会议,还可以制定会议制度。此外,可以多一些集体活动,如周末逛公园、一起吃饭等。作为指导者,社会工作者和案主及其家人讲述了一些家庭内部亲子交流的技巧。

第三次家庭关系印象测定:小陈父亲在家庭中的强硬和主导地位在逐步减弱,父亲放低了自己的姿态,每个家庭成员都有一定的发言权,家庭关系更为和谐与平衡,之前比较薄弱的亲子关系得到改善。

小陈没有再提退学的事,个案目标基本达成。

这个案例中的关键是父亲态度的转变。首先,对父亲给予足够的尊重以维护他的自尊,保证工作正常进行;其次,对于母亲,鉴于其家庭内部失衡的成员关系,争取母亲的支持,让她成为小陈和父亲沟通的桥梁;最后,借助父母共同的要求(关心孩子的学业和成长)及相互间的沟通实现辅导的目标。

二、保护性服务

原文

5.2 保护性服务

通过外部监督、干预性服务等方式,防止儿童被虐待、忽视和剥削。如儿童保护热线、儿童防性侵服务,为受伤害的儿童提供的庇护和心理干预,为离婚家庭儿童提供心理疏导等。

解读

针对那些存在被虐待、忽视和剥削风险的儿童,仅仅依靠家庭内部的力量提供保护，显然是不够的，必须通过保护性服务，借助外部监督、干预性服务等方式，防止这些儿童被虐待、忽视和剥削。社会工作者可以使用儿童虐待倾向问卷，评估家庭是否会出现儿童虐待的可能性，一旦评估结果显示某一家庭有虐待儿童的倾向，则会继续对该家庭进行家庭压力评估；如果评估结果显示该家庭的倾向性较高，则要专门针对该家庭的需要提供服务。研究显示，离异家庭的子女会因父母的环境变化而面临很多不确定的因素，因此，为离婚家庭儿童提供心理疏导也是保护性服务的一项重要内容。

儿童保护服务的主要目的是保护儿童免受父母或其他照顾人的虐待或忽视。儿童虐待和忽视包括以下几种情况：

身体虐待：儿童的身体受到父母或照顾者的伤害；

性虐待：针对儿童发生的性侵害；

情感虐待或忽视：不关心儿童对感情和安全的需要；长期、过度地责骂儿童，或将儿童当作发泄不良情绪的对象；对儿童使用侮辱性的语言，使儿童的人格或自信心受到伤害；

生活必需品匮乏：未能给儿童提供恰当的食物、住所或衣服；

监护忽视：使儿童长时间独处，导致有需要或危险时得不到成人的及时帮助；或者使儿童处于不健康的环境中，如将儿童置于有不良行为的成年人的监护之下；

医疗忽视：未能给儿童提供基本的医疗照顾；

教育忽视：未能使学龄儿童入学或对儿童的教育没有给予足够的关心；

剥削儿童：强迫儿童长时间工作，或从事不适宜的工作。

造成儿童虐待和忽视的原因是多种因素或事件交互作用的结果，包括环境因素、父母因素以及儿童自身的因素。环境因素包括家庭贫困、疾病、婚姻或父母与孩子的关系紧张等。父母因素是指在父母的性格或行为特征中具有一些容易导致儿童虐待或忽视的因素。比如：父母本身在儿童时期被自己的父母虐待过；文化水平低或无知；缺乏照顾儿童的能力；尚未适应为人父母的角色;容易冲动;不会制怒;存在心理障碍,如抑郁、精神疾病或人格分裂等;对儿童的行为抱有不现实的期望;有不良行为,如酗酒、吸毒等。此外,被虐待或忽视的儿童本身也具有一些与父母高教养压力相关联的特征,如任性、叛逆、长期患病或残疾等,需要特别关注和支持。

儿童保护服务的操作原则是及时发现、早期干预。在实践中,提供儿童保护服务的组织(主要是政府和公共组织)在接到儿童虐待或忽视事件的举报后,首先由社会工作者对事件进行实地调查,如果事件被确认(或举报被证实后),其次决定对儿童及其家庭采取什么干预措施。一般来说,与儿童问题有关的事件主要包括两类:一类是父母与儿童的关系问题,包括儿童被虐待、忽视、遗弃、父母不在家、父母与儿童发生冲突;另一类是儿童遇到心理或行为方面的问题,如经历感情痛苦或迷惘、离家出走、逃学等。

在发生上述事件后,儿童保护服务的出发点一是阻止儿童虐待和忽视现象的继续发生,二是尽可能地改善并增强家庭功能,避免使儿童离开家庭接受其他形式的照顾。为此,儿童保护组织首先对引起儿童虐待或忽视的原因进行诊断,根据具体情况采取措施,针对有问题的儿童及其家庭的需要制订计划,提供一系列补救性或帮助性的个案服务,如临时或长期日托服务、家政服务、咨询服务、危机应对、紧急照顾服务等。儿童保护服务的一般原则是将儿童和家庭的需要同时解决,其目的是改善儿童的社会环境或父母的行为。在提供服务的同时,儿童保护组织会向父母提出建议,要求父母作出改变或配合,但如果父母不愿意或无法改变现状时,儿童保护组织则会为儿童提供法律服务,即寻求法庭解决,以免儿童受到更大的伤害。

示例

解救受虐儿童

对于家住天津市河西区的明明(化名)来说,他的11岁就像是一个噩梦。他被母亲囚禁长达半年之久。母亲把家里所有窗帘都拉上,不让他走出屋门半步，并强行给他灌服精神类药物。只要明明稍作反抗就会遭到一顿毒打，明明无法向任何人求救。明明的奶奶被母亲打跑后不知去向，父亲还在监狱里服刑。

明明所在社区注意到这个孩子的情况，派专人做了深入的了解，发现明明妈妈行为诡异，经常做出危险行为，破坏社区公物。经过调查，社区人员感到明明妈妈的行为除了对社区居民可能造成危害，对与其生活在一起的儿子明明会更加危险。

随后，经过认真研究，街道办事处与派出所联合行动，强行破门而入，救出已被囚禁半年之久的明明，并将明明妈妈强行送进精神病院接受治疗。此时明明已被折磨得不成人样。在这半年中，他被药物控制，整日昏睡。

社区先把明明暂时安置在居委会主任家中，同时通过执法部门提审明明的父亲陈某，希望可以找到明明的家属。社区通过警方联系到明明的两个伯父，但两人均不具备抚养明明的能力。

社区与天津市民政部门联系，经过评估，将明明送到天津市儿童救助中心。明明结束了噩梦般的生活，在救助中心经过一段时间的适应，他的脸上渐渐露出了笑容。

这是一个机构安置受虐儿童的案例。构成这个案例过程有几个关键元素：

(1)案主明明是一个处于危险境地的、权利受到严重损害的儿童，其父被监禁，其母患有精神疾患，他不仅被剥夺了学习的权利，而且生存受到极大的威胁。对于这样的儿童，学校、儿童组织、社会，特别是社区，必须尽快予以干涉。儿童生活在不良甚至危险的环境中，耽搁一天，就增加了一分危险。

(2)处置这类处于危险境地的儿童，需要采取强制性的手段。必要时在征得司法部门的同意后，联合派出所等相关执法部门，快速、果断地采取行动,解救儿童。此时最忌惮相互推诿扯皮,延误时机,造成对儿童更大的伤害。

(3)受助儿童被送往机构安置,要经过认真评估。对孩子的成长来说,家庭和亲属的养育是第一选择,要尽可能找到合适的抚养和监护人。在父亲和亲属都不具备养护条件时,可暂时送入救助中心寄养;在确认为孤儿或亲属确无能力抚养等情况下,送入儿童福利院。在这一过程中,必须坚持"儿童利益最大"原则,真正从儿童的利益出发,认真细致地进行调查和研究,妥善予以安置。

此案总体上处置适宜,明明最后得到了较好的安置。但从儿童最大利益角度看,社区干预时间过晚,如能尽早进行干预,明明的境遇会更好一些。

三、补充性服务

原文

5.3 补充性服务

通过专业介入,适当增强儿童所处环境中的某些薄弱或缺失环节,弥补家庭对儿童照顾功能的不足。例如帮助儿童家庭申请相关的社会救助,包括现金救助、日用品的补助和托育服务等。

解读

当家庭的儿童照顾功能弱化或部分缺失时,社会工作者可以通过专业介入,增强家庭的儿童照顾功能或弥补家庭儿童照顾功能的不足。社会工作者要通过入户调查、邻里访问、信息核实等,深入了解这些家庭的实际生活状况,针对具体的困难,依据《社会救助暂行办法》,为其申请相关的社会救助,包括现金救助、日用品的补助。

同时,对于那些父母或照顾者难以在工作和儿童照顾两者中实现平衡的家庭，社会工作者除了为其申请提供经济支持外，还应申请托儿所、提供上门服务以及课外补习等方式，为儿童提供专业化的服务。这样，既有利于儿童的健康成长，同时也有助于家长特别是母亲或其他女性照顾者，把更多精力投入到工作中去。

示例

社会工作介入单亲家庭儿童照顾问题

小米是初中二年级的学生，父母离异，平时和母亲一起生活。家庭经济条件较差，母亲平时工作较忙，为了多挣钱还经常加班，所以小米在放学后经常是一个人在家。因为没有人看管，小米回到家中，通常都是先看电视，或是玩网络游戏，直到很晚才开始写作业，总是玩够了才肯睡觉。小米的老师向家长反映，近期小米总是不能按时完成作业，而且上课时不能集中注意力，还经常在课堂上睡觉。小米的母亲得知这些情况后很着急，她知道总是让小米一个人待在家中，会使他不能合理地安排自己的时间，从而影响学习，而且也存在着安全隐患。但她也没有其他的办法，家庭经济条件不好，她必须努力工作来维持生活和小米的读书费用。

社区中的很多孩子因为父母工作较忙，还经常需要加班，在放学后存在着无人看管的问题，他们不能合理地安排自己的时间，并且一个人在家，存在着安全隐患。

社会工作介入：服务方案

1. 方案目标

(1)帮助小米的家庭申请社会救助，缓解其家庭经济状况。

(2)协助小米母亲指导及照看孩子。

(3)培养小米有效管理自己的时间，很好地完成自己的功课及学业，增强对学习的兴趣。

2. **方案实施策略**

(1)了解相关救助政策,申请符合条件的社会救助。

(2)与社区学校进行沟通,充分利用社区学校资源,为有需要的孩子建立课余托管服务场所。

(3)成立社区志愿者队伍,为小米提供课业辅导服务。

(4)聘请儿童照顾专业人士,开展相关的讲座、个别辅导、开展家长咨询等服务项目来提高单亲母亲的照顾技能。

本案例中社会工作者除了为小米一家申请社会救助外,还申请课外补习等为小米提供专业化的服务,这样既有利于儿童的健康成长,同时也有助于小米母亲把更多精力投入到工作中去。

四、替代性服务

原文

5.4 替代性服务

当家庭照顾功能缺失时,针对儿童的实际需要,将儿童安排到适当的居住场所,提供一部分或全部替代家庭照顾功能的服务。例如家庭寄养、收养、儿童福利院和未成年人救助保护中心对儿童的安置服务等。

解读

替代性服务是当儿童因为各种原因失去家庭依托或通过儿童保护组织的法律服务将儿童从其原来的家庭中分离出来后,为儿童提供的照顾或安排,是一种"离家"照顾服务,具体包括:儿童寄养服务、亲属抚养、集中照顾以及收养服务等。

国务院《关于加强困境儿童保障工作的意见》指出:"支持社会工作者、

法律工作者等专业人员和志愿者针对困境儿童不同特点提供心理疏导、精神关爱、家庭教育指导、权益维护等服务。鼓励爱心家庭依据相关规定,为有需要的困境儿童提供家庭寄养、委托代养、爱心助养等服务,帮助困境儿童得到妥善照料和家庭亲情。”

家庭寄养:由与儿童没有关系的成年人提供,需要经过福利机构的认可。《家庭寄养管理办法》中特别明确了儿童社会工作服务的相关内容:“儿童福利机构应当组织专业人员或者委托社会工作服务机构等第三方专业机构,对提出申请的家庭进行实地调查,核实申请家庭是否具备寄养条件和抚育能力,了解其邻里关系、社会交往、有无犯罪记录、社区环境等情况,并根据调查结果提出评估意见。”“家庭寄养关系解除后,儿童福利机构应当妥善安置寄养儿童,并安排社会工作、医疗康复、心理健康教育等专业技术人员对其进行辅导、照料。”

亲属抚养:将儿童交由其亲属抚养。大多数儿童福利工作者认为亲属抚养是为离家儿童提供照顾的首选形式,因为儿童仍然可以和家庭成员在一起生活,这样,家庭变故对儿童的影响会相对较小。

集中照顾:集中照顾主要包括两种形式:一种是儿童福利院。儿童福利院属于收养性儿童社会福利事业单位。绝大部分的儿童福利院都配有医生、康复师和营养师,设置了医务室、康复室、抢救室、病房、化验室和药房,为在院儿童提供更及时有效的治疗。目前,我国的儿童福利院实行的是“养、治、教”相结合的收养方针,重养、重治、重教。被福利院收养的儿童,大部分在入院时是身患重病或者有严重先天性残疾的孩子,为了使他们能够最大限度地恢复生活功能,往往采取将其送到所在地区的医院接受专业治疗和福利院内部治疗的方针。集中照顾的另一种形式是 SOS 儿童村。SOS 儿童村由国家民政部门主管,作为救助社会孤儿的社会福利事业单位,对孤儿采取家庭式抚养。

收养服务:为失去亲生父母(亲生父母没有照顾能力或不愿意照顾儿

童)的儿童提供一个新的、永久性的家庭。需要提供收养服务的儿童一般包括三种情形:身体健康的婴儿;有特殊需要的儿童,如残疾儿童、寻求家庭生活的大龄儿童等。提供收养服务的机构主要从事以下工作:为等待收养的儿童寻找可能的收养父母;评估收养父母满足收养儿童需要的能力;帮助儿童及其亲生父母做好儿童被收养的准备工作;帮助收养家庭最终落实收养计划;为收养家庭提供收养后的跟踪服务,如社会工作服务、协调和利用社区资源、建立父母互助小组等。

示例

大栋、小栋并不是亲哥儿俩,从小因残疾并被亲生父母遗弃,后来被安丘市一位好心老奶奶收养。2001 年,他俩 10 岁左右的时候,年迈的老奶奶已无力照顾他俩,从此来到山东省潍坊市社会福利院。2006 年四肢严重畸形的张大栋通过了两次复杂的手术,使他的双下肢可以独立行走,双上肢能够劳动。而张小栋因从小双下肢没有正常发育,将一生在轮椅上生活。

自 2009 年起,福利院社会工作者开始介入大栋、小栋的生活。首先从关心他们的日常生活起居开始,帮助哥儿俩提高自身适应性,树立了积极的生活态度,这使大栋、小栋感觉到,社会工作者与一般工作人员不同。

当时小栋没有学习拼音,社会工作者历时半年,不厌其烦地帮助他学习发音、拼写。为增加其臂力,福利院专门购买了一套哑铃,每隔一段时间,就为他更换更大一点的哑铃,辅导他锻炼上臂及胸肌。

在此期间,社会工作者几乎拜访了坊子老区所有的修鞋摊,终于使小栋得到拜师学艺的机会,历时 9 个月,学会了修鞋。其间,院里有更多社会工作者多次到修鞋点给小栋鼓劲,给修鞋师傅以支持,并送给他们师徒御寒物品。心灵手巧的大栋从到修表店当学徒开始,历时一年半，到2010年10月自立门头，开张了“福利院张大栋修表店”。

同时，福利院帮小栋购买了专用修鞋机、鞋钉、鞋掌、皮子，在“大栋修表店”门口支起了太阳伞，开起了修鞋摊。大栋、小栋联袂经营已经两年，哥儿俩向往幸福的生活，自强自立，不畏寒暑，手艺精湛，在当地已经小有名气。

本案例中，社会工作者秉承助人自助的服务理念，运用专业的方法技巧，协调各类社会资源帮助残疾儿童发掘自身潜能，实现最大限度的发展。

第四章 《指南·服务流程》解读

第一节 概述

儿童社会工作服务流程的标准化，将为儿童社会服务机构的工作人员开展专业服务提供指引，使得整个服务过程有章可循。为更好地解读指南中有关服务流程的要求，本节先对服务流程进行总体概述，介绍服务流程中各步骤的基本任务与各步骤之间的逻辑关系。

一、儿童社会工作服务流程的主要内容

儿童社会工作服务流程是社会工作通用模式在儿童社会工作服务中的具体体现，是指从开始接触儿童到结束服务的一个基本过程。儿童社会工作服务流程包括接案、预估、计划、介入、评估、结案六大基本步骤。

接案是整个服务流程的第一步，是社会工作者跟潜在的服务对象初次接触，其目的是了解服务对象的信息和基本需要，根据机构的服务范围确定能否提供服务，并初步建立专业服务关系的过程。在儿童社会工作过程中，接案阶段需要完成的任务包括：接案前的准备和面谈。

第一，接案前的准备。儿童社会工作服务对象的来源主要包括：主动求助的、其他机构转介来的（如学校、社区居委会、公安部门、司法部门等）、通过外展发现的。相对于其他群体，儿童最不能表达自己的权利和需要，因此，从事儿童保护的社会工作者需要通过外展方式，主动去发现自己负责区域内需要帮助的儿童，实施积极的干预。

示例①

2015 年,贵州省松桃县"0～3 岁儿童早期综合发展"试点项目的流动服务车在下乡过程中发现,某村 2013 年出生的女童晓云,目前由爷爷奶奶抚养。社会工作者通过家访了解得知,晓云的父亲在家排行第三,因犯强奸罪被判有期徒刑 15 年。母亲在晓云出生一个月后离家出走(社会工作者进一步查证后发现其母已改嫁)。爷爷 52 岁,患有严重的风湿病。奶奶 50 岁,健康状况一般。晓云出生后就和爷爷奶奶一起生活,家庭收入来源主要靠务农,以及低保补助。爷爷奶奶为了生计,经常下地干活,爷爷偶尔也外出务工。爷爷奶奶出门后,陪伴晓云的只有一只脏兮兮的玩具熊。由于疏于照顾,晓云的一只手曾被严重烧伤,留有明显的疤痕。

社会工作者第一次到晓云家的时候,她见到生人哭闹不止,一个劲儿地往奶奶身上挤,表现得很没有安全感。流动服务车上的卫生人员给晓云做了体检,发现其轻度贫血。卫生人员对晓云奶奶进行了儿童营养和健康指导,并发放营养包,向奶奶介绍科学喂养、贫血的危害等知识。

社会工作者了解到,由于家庭情况特殊,晓云没有上户口。爷爷奶奶也一直为此事发愁,担心将来孩子长大了没有户口上不了学。社会工作者答应去相关部门帮助咨询和协调,看看如何才能给晓云上户口。在流动服务车其他工作人员的见证下,晓云爷爷将户口簿及村里出具的证明,交给了社会工作者。

一段时间后,社会工作者已经帮助解决了晓云上户口的问题。第二次去晓云家探访的时候,社会工作者和其他服务人员带来了晓云一

---

① 本案例由中国—联合国儿童基金会"0～3 岁儿童早期综合发展"贵州松桃县项目点的社会工作者田川提供。

家的新户口簿和新玩具熊、糖果等礼物。看到新户口簿上晓云的名字，晓云的爷爷奶奶开心地笑了。

由于晓云很少与别的孩子玩耍、交流，导致了她性格内向，怕见生人。社会工作者和流动服务车的其他工作人员一起给晓云奶奶分析了造成孩子目前状况的原因，以及这种情况可能会给孩子带来的危害，劝说晓云奶奶积极带孩子参与项目在村里设立的早教中心活动。

社会工作者第三次去探访的时候，发现晓云的情况有了很大的变化。贫血已经得到改善。只要早教中心开门，晓云奶奶都会带着晓云去中心玩。晓云也逐渐愿意和别人接触，参与儿童游戏，性格也变得开朗了许多。

由于生活环境、照顾者的认识等因素，一些儿童处于高风险的生存状态，其生理、心理、社会等方面的发展均有可能受阻。本案例中社会工作者随流动服务车下乡，通过村干部、村医等提供的线索，或亲自上门探访，主动发现那些可能存在较高风险的儿童，并针对儿童家庭开展相关的评估和服务工作。社会工作者的外展工作和积极干预态度对于发现那些隐藏的儿童个案是十分必要的。

面谈前准备，包括服务对象信息的收集及面谈提纲的准备。在开始接案面谈前，可以通过一些基本信息的了解，收集服务对象的基本资料。对于合作方或机构转介来的服务对象，社会工作者可以向合作方了解儿童及其家庭、生活经历的一些基本资料；机构转介的儿童通常有相关的转案表格，社会工作者需要了解该儿童之前的求助经历及被转介的原因。

对于一般的儿童服务机构，初次接访儿童及其陪伴人，需要撰写包括以下内容的面谈提纲：一是社会工作者本人的一些信息，包括姓名、工作领域等；二是社会工作者所在机构的介绍，包括机构的性质、业务范畴、宗旨和服务政策等；三是儿童及其陪伴人的自我介绍、问题的界定；四是考虑面谈过程中可能出现的意外及其应对方法。面谈提纲的准备将有助于社会工作者厘清思路，与来访者的沟通更为顺畅、循序渐进。

接案前的准备工作将有助于社会工作者快速了解儿童及其生活现状。同时，它有助于社会工作者顺利地开展面谈，避免犯下不必要的错误。比如说，社会工作者如果从学校老师中了解到前来求助的儿童的父亲目前在服刑，母亲离家出走，那么社会工作者在会谈中就能够避免问及一些让孩子难堪的问题，不至于对孩子造成伤害。

第二，面谈的目的在于了解服务对象的资料和诉求。在面谈过程中，社会工作者可通过询问、咨询、观察、查阅已有资料或问卷调查，收集服务对象的信息，了解服务对象的问题及其希望服务能产生的结果与改变、澄清双方的角色与期待，决定工作进程（终结、转介、继续），并初步达成双方的工作协议。

预估是在接案阶段后，求助者正式确定成为服务对象之后的工作阶段。预估是指社会工作者在前期接案过程中所收集的信息基础上，进而充分收集儿童全面的资料及信息，识别儿童的问题与原因及其产生的环境，初步判定其面临问题的成因、现状和性质，并尝试寻找解决问题的切入点的专业服务过程。预估阶段的工作有两大步骤：一是收集儿童更加详细的资料，从而探究儿童的问题成因、境况与需要；二是通过运用一些工具如家庭结构图、生态图等，对儿童的资料进行系统的分析，从而初步判断服务方向的一个阶段。

计划阶段是在预估阶段之后，社会工作者根据前期所收集的信息及其分析的基础上，制定介入的目标，并根据目标选择合适的服务计划。服务计划的制订是社会工作者与儿童（及其监护人或照顾者）在充分讨论问题及需求的基础上，共同协商制订的一系列具体服务实施方案。服务计划的制订包括以下内容：

（1）儿童的基本信息：儿童及其家庭的基本信息，如姓名、性别、年龄、就读学校或幼儿园、健康状况、家庭成员基本情况（监护人或其照顾者的姓名、年龄、工作等）、朋辈关系、家庭的支持系统等。

（2）服务的目标：目标可分为若干个阶段性的具体目标，也包括短期目标、中期目标及长期目标。目标的陈述需要具体、正向、通俗易懂，应是可测量及具有可操作性的。

（3）需要解决的问题：服务计划中需要明确写出在预估阶段社会工作者与儿童（及其监护人）所共同认定的问题，包括儿童的主要问题、次要问题以及相关问题。与服务对象就其问题及需求达成共识，将有助于社会工作者督促服务对象就问题的解决而作出努力。

（4）计划实施阶段的设计与方法：计划的关键部分包括具体的实施阶段，包括阶段目标、时间表、责任分工、服务方法及次数、每次工作的时间、地点、技巧及资源、预计出现的问题及风险预估、服务成效评估方法等。

（5）其他：包括可能产生的经费预算及其他注意事项。

介入是继服务计划制订阶段后，社会工作者将服务计划付诸行动的阶段。在这个阶段，社会工作者运用专业知识、技能和方法，与服务对象一起根据共同制订的服务计划采取具体行动，协助服务对象解决问题，达到服务目标。介入又根据介入的方式与对象的不同，分为直接介入和间接介入。

直接介入是社会工作者对儿童本人及其家庭、朋辈群体等直接采取行动或提供服务，务求改变儿童本身的行为认知状况，或是改变其家庭或小群体内的互动方式和人际关系。

间接介入是指社会工作者通过改善儿童所在的周围环境，介入个人以外的系统，改善环境因素，创造有利于儿童发展的成长环境。这些个人以外的系统可能是儿童所在的学校、社区甚至是更大的社会系统。

评估是指社会工作者在服务计划的实施过程中或结束阶段，通过系统性的资料收集，运用合适的研究方法，对服务过程及介入效果进行分析、评价和总结，从而判断介入方法、介入过程以及介入结果是否达到预期目标的阶段。评估的目的在于：总结梳理服务经验，提高服务水平；判断介入结果、儿童的改变是否与预期目标相匹配；验证介入方法是否有效。

评估分为两大类型，分别为过程评估和结果评估。过程评估是指对整个介入过程的监测与分析。具体操作方式为对服务计划中的每一个阶段所应用的介入方法、活动及最终的效果进行分析描述，判断介入方式对实现目标的影响，基于此，进而分析介入方法的选用是否正确、目标有否达成、服务对象是否有所改变。过程评估的资料包括个案记录、社会工作者和服务对象的访谈资料等。结果评估是指对介入活动的结果分析，判断是否达到服务计划的目标，分析目标实现或未能达成的原因。

结案是儿童社会工作服务的最后一个阶段，是社会工作者与服务对象结束专业关系的过程。那么在什么情况下，社会工作者可以考虑结束与服务对象的专业关系呢？助人关系的结束意味着社会工作者与服务对象所协商的某一个共同目标已经达成，或是由于其他原因不得不结束服务关系。在实务过程中进入到结案阶段可能有以下几种原因：(1)社会工作者、儿童或其监护人达成共识，认为儿童的问题已经解决或者初步得到解决。(2)儿童及其照顾者能够独自解决问题或是依靠社会支持网络可以解决问题。(3)社会工作者与儿童或其照顾者的专业关系建立不良。在实际的工作过程中，社会工作者未能与儿童或其照顾者建立相互信任、相互协作的服务关系，双方或其中一方希望服务结束，此时社会工作者可以考虑结案或进行转介。(4)服务过程中儿童出现新的问题及需求，需要其他专业人员或机构的服务的时候。(5)社会工作者与儿童及照顾者的流动，导致服务不得不结束。例如，在城中村流动人口社区当中，这种情况时有发生。

二、标准中对儿童社会工作服务流程规定的特点

从标准对儿童社会工作服务流程的总结与归纳中可以看出，儿童社会工作服务流程具有以下的特点。

强调通用性。标准中的服务流程是社会工作通用过程模式在儿童社会工作服务领域的具体运用，其工作阶段的划分与各个工作过程的任务，无论是在何种儿童服务组织，包括社区儿童服务机构和儿童福利机构，都具有一定的共通性。

强调助人的过程是一个持续、有目的的改变过程。社会工作者从接案开始与服务对象建立专业关系,到促使服务对象产生改变的意识,再到服务对象能够主动开始改变,这一系列助人的过程是持续的、有目的的改变过程。

阶段化的工作过程。儿童社会工作服务流程被划分为不同的阶段,每个工作阶段有不同的工作任务,但这不意味着每个阶段间是独立的、没有关系的,相反,这样划分可以更好地突出每个阶段的特点及工作重点。

阶段化的工作任务。儿童社会工作服务流程中,每一工作阶段的工作任务都有其重点与技巧,阶段任务的完成情况将会影响到下一个阶段任务的开展与完成。

三、儿童社会工作服务流程的逻辑关系

在接案阶段中,社会工作者需要判断接案对象能否成为服务对象。其判断的依据有三:一是机构的服务范围、项目、服务对象的类型以及现有的资源是否能够帮助服务对象解决需要与问题;二是社会工作者的能力能否为儿童提供服务;三是社会工作者与儿童、儿童监护人或照顾者就儿童的问题能否达成共识。接案阶段的结果通常有三种:一是继续提供服务,正式成为服务对象;二是虽然不适合成为服务对象,但能够帮助转介到其他机构;三是不接案,记录后存档。

在确定成为服务对象后,社会工作者与儿童、儿童监护人或照顾者一起,进入预估、计划以及介入的阶段。预估阶段社会工作者通过不同的方式收集有关儿童及其环境更为详尽的资料信息,然后进行资料分析,研究问题、成因以及预估需要。基于预估阶段的工作,社会工作者与儿童、儿童监护人或照顾者制订出双方协商同意的目标与服务方案。在介入的过程中,社会工作者根据过程评估,验证介入方法是否恰当,从而判断是否需要调整服务计划;又或者是因为儿童资料的不断增多、新问题的出现,社会工作者修正工作方案或是当机构无法为儿童新的服务需求提供服务的时候,需要进行机构转介。

社会工作者通过评估其与儿童所制定的目标已经达成,此时可进入结案的准备。结案后还需进行一段时间的回访跟进，确定儿童的改变及环境的改善是否得到延续巩固，如在回访跟进的过程中发现儿童有新的问题与需求出现，社会工作者需要判断是否重新开案或是进行机构转介。

四、儿童社会工作服务流程的运用应注意的因素

儿童社会工作服务流程是提供给儿童社会工作者在具体工作过程中的一个参考，在实际工作中，应根据实际的情况灵活变动。

第一，灵活变动的阶段次序。儿童社会工作服务流程并不是一成不变的，在实务工作当中，在一些特殊的情况下，如儿童遭受家庭暴力影响其生命安全，社会工作者可以直接介入，跳过接案阶段，以保护儿童的安全为先。另外也有接案后，社会工作者综合考虑机构的服务范围与自身的能力条件，认为不适合接案的，可以帮助求助者转介到合适的机构。

第二，螺旋式的工作过程。工作过程的划分是更好地突出各个阶段需要完成的任务，但并不意味着一个阶段完成了才能进入下一个阶段的工作。随着社会工作者与儿童的服务工作的深入，关系逐渐建立，收集的关于儿童的资料也越来越全面，又或者在服务过程中儿童出现新的问题，社会工作者需要根据新的信息与情况，更新服务计划。故此，儿童社会工作服务流程更像是一个螺旋式的工作过程，社会工作者需要在此过程中不断回顾、更新以及修正服务计划。

第三，模式参考性。儿童社会工作服务流程的模式供社会工作者参考，为社会工作者的服务提供方向及引导。在实务过程中，由于机构性质不一，服务流程中的每一个步骤的内容可能有所不同，社会工作者可根据各自机构及实际工作中的情况，调整工作过程。比如，对于流程中各个步骤需要完成的任务，在儿童福利机构是有所不同的，在接案阶段，儿童福利机构主要对接的是公安及民政的工作人员，其接案所要求资料表格较为标准化；预估阶段是医疗团队与社会工作团队共同完成，包括对儿童的健康状况、安置需求进行初步的判断。因此，各儿童社会工作者应该根据机构的性质，灵活应用这个服务流程的模式。

第二节　详解

一、接案

原文

6.1.1　社会工作者在接案过程中应完成下列主要工作：

——介绍服务宗旨、服务政策、服务项目等；

解读

如概述所提及，社会工作者在接访前来求助的儿童及陪伴人的时候，其中一项需要准备的内容是向服务对象介绍机构的相关信息，包括机构的服务宗旨、服务政策、服务项目等。这方面信息提供的目的是使服务对象了解服务机构的相关信息，对自己可以在机构获得的服务持有恰当的期待，也是社会工作者判断是否继续为服务对象提供服务的依据。

服务宗旨即价值理念（例如："一切为儿童"）、信念，存在的原因等，表明机构为谁服务以及提供何种服务。服务政策即机构有关服务的国家法规和政策规定，服务项目即机构开展的和服务对象相关的服务项目。

原文

——初步收集与儿童有关的信息；

解读

在接案阶段，收集与儿童有关的信息有两个阶段，分别是在接案前准备阶段信息收集与接案面谈阶段信息收集。前者的目的是有助于社会工作者预先了解服务对象的一些基本信息,为面谈阶段做准备铺垫,避免一些面谈的雷区;后者目的在于更深入了解来访者的相关信息,界定儿童的问题与需求及目前处于何种阶段。

在接案阶段收集儿童的信息有两个不同的阶段:一是接案准备阶段的信息收集。在社区儿童服务机构或儿童福利机构,如果是合作方所转介的求助者,可以通过查阅合作方的转介资料及相关表格、向合作方了解或是走访,预先了解儿童的基本信息,如年龄、性别、家庭情况、就学情况、生活状态、身心健康状况等。

在社区外展服务过程中发现的有需要的儿童及其家庭,可以在现场先作社会工作者及其所在机构的自我介绍,了解儿童及家庭的一些基本的情况;对于没有求助意愿的儿童与家庭,诸如流浪儿童或是有偏差行为的少年,社会工作者需先与他们建立信任关系,消除他们的敌意或是不信任,再行提供服务或帮助。

二是接案面谈阶段的信息收集与渠道。面谈阶段的信息收集主要是通过与儿童及其陪伴人的会谈。这个阶段的信息收集需要更为深入:询问儿童及其陪伴人目前遇到什么问题,表现在哪些方面,这些问题如何影响到生活或者其他方面,儿童或家庭之前是如何去应对这些问题的,想过什么办法,是否向其他人或机构求助过,等等。

原文

——初步探索儿童的问题和需要;

解读

初步了解儿童面临的问题,将这些问题进行分类,目的是初步判断儿童的问题是属于哪一方面的问题:是生存问题、发展问题,还是儿童的保护问题?社会工作者需要从问题中了解服务对象是基于什么需求和目的前来求助,以及服务对象希望从机构服务中获得什么帮助和期望产生什么结果与改变。社会工作者也需要根据机构的现状和能力来评估社会工作者能达到服务对象的哪些期待,能怎样在服务中回应服务对象的问题和需求。

在接案的过程中,社会工作者可能收集到儿童的方方面面的信息,因此,社会工作者需要在这些信息中梳理及初步界定儿童的问题与需要。一是通过对问题和需要的类型分类,二是通过对问题及需要的紧急或迫切程度作判断。界定儿童的问题与需求需要儿童及相关人员的积极参与。

原文

——与儿童、儿童监护人或主要照料人建立专业关系;

解读

专业关系是指社会工作者与服务对象建立的一种关系,在这个过程中,社会工作者秉承专业价值理念,运用社会工作专业知识与技巧,在双方共同认定的目标下,多次与服务对象接触,协助服务对象解决问题及提高服务对象的个人能力。在儿童社会工作服务中,除了与儿童本人建立专业关系之外,还需要和儿童的重要他人,如儿童的监护人、主要照料人等建立良好的专业关系,以利于为儿童提供更好的服务。

社会工作者与服务对象建立良好的专业关系,有利于促进双方的信任与合作。在好的关系当中,可以使人放松,消除不安全感与戒备感,减少防卫心理,开放自我,使得双方间的沟通更为顺畅。良好的专业关系也有利于增强对服务对象的影响力,促进服务对象产生改变的动力。

在初次接案过程中,与儿童、儿童监护人或主要照料人建立专业关系的策略与要点有以下两方面:

1. 首次接触需建立良好的第一印象。对于并不熟悉社会工作内容的儿童及其家长来说,很容易对社会工作者有一个先入为主的预设,认为社会工作者是与教师、社区居委会工作员这类角色相似的人员。社会工作者在初次接触服务对象时，可以主动介绍自己、工作领域、特长、工作时间等。在言语表达上，要真诚可信，态度诚恳，对于儿童还要注意运用孩子们能听得懂的语言，避免使用居高临下的语气或者一些晦涩的专业术语。

2. 表达关注、接纳和同理。对于前来求助的儿童、儿童监护人或其他主要照料人，社会工作者应当以真诚、温暖和尊重的态度，专注地倾听服务对象对自身问题的叙述，不以个人的生活经验和价值观去评判服务对象的问题。尤其是儿童对于成年人的评判与态度非常敏感，因此与儿童交流的时候，要倾听儿童的想法，保持对儿童的关注，避免使用传达负面意义的肢体语言，注意同理心的运用——即观察孩子内在的感受，把自己放在儿童的位置感受其喜怒哀乐，并用恰当的语言表达儿童当下的感受。

原文

——填写接案登记表（参见附录 A）。

解读

接案面谈完毕，要及时填写接案登记表。填写接案登记表一是要及时，面谈结束后要及时填写，以免事后对一些面谈的内容有所遗忘；二是要注意填写的完整性，填写记录表时对于填表的时间、服务对象的基本信息、个案的来源、服务对象家族成员的基本情况、儿童面临的问题和需要等项目都要逐一填写清楚，并在表格后面签上社会工作者的姓名。

原文

6.1.2　社会工作者在接案过程中应注意：

——与儿童沟通时应注重以儿童的视角看问题；

解读

儿童视角(child perspective)的内涵包括:一是对儿童及儿童周围的世界要有敏感性,二是对待孩子要基于孩子的认知与技能的基础上,三是以儿童为中心,四是要洞察及支持儿童的需要。因此,要理解儿童视角,社会工作者应该要掌握儿童在不同发展阶段的特征及认知能力方面的知识,基于此,才能站在儿童的位置,去了解其行为或是想法产生的原因。

儿童在不同的发展阶段有其阶段性的特征,社会工作者需以儿童的视角及儿童在不同发展阶段的特征来了解儿童的行为特征及其行为背后的目的,这样能更有效地看待儿童的问题,切忌以成人的视角对儿童的行为、情绪、认知作出不恰当的评判。这就要求社会工作者与儿童沟通的时候,要具备同理心,站在儿童的立场设身处地地思考,能够体会儿童的情绪和想法、理解儿童的立场和感受,并站在儿童的角度思考和处理问题。儿童有着不同于成人的精神世界,有着不为人知晓的小秘密。社会工作者与儿童沟通时要尊重儿童的人格,接受儿童天真的想法;在态度上要和蔼可亲,认真倾听和理解儿童的话语;要真心地接受儿童的语言表达习惯,不要嘲笑或者忽视儿童一些稚嫩意见和想法。

原文

——与儿童监护人或主要照料人进行沟通,协同解决儿童的问题;

解读

儿童是家庭不可分割的一部分,所以儿童问题的解决需要得到家庭成员的配合与协助。因此,社会工作者需要与儿童监护人及主要照料人保持良好的沟通,以获得更全面的信息及必要的支持。

如果是儿童、儿童监护人或其主要照料人主动前来求助,接案的时候,社会工作者应鼓励儿童对自己的问题进行描述,如果孩子的表达方式有限,可以运用一些会谈技巧及诸如游戏的方式向儿童确认。同时,社会工作者也需要充分听取监护人或照顾者对儿童问题的表述。由于成人看待问题的视角与儿童不同,社会工作者要避免偏听监护人或照顾者的意见,应以儿童的表述为主。

在社区当中,另外一种常见的接案是学校、社区转介的儿童个案,很多时候是社会工作者独自或由教师、社区工作人员陪同主动上门家访,与外展的时候首次接触儿童及其家庭一样,社会工作者需要首先介绍机构的相关信息,进行自我介绍,同时要说明来意。这种情况下,由于儿童及其家庭对社会工作者并不熟悉,难免有一些戒备与防卫心理,社会工作者应将前期的工作重心放在增加儿童及其家庭对机构及工作员的了解与信任上。

接案后工作重点的确定需要儿童监护人或主要照料人的积极参与。在接案过程中,社会工作者初步界定儿童的问题与需要后,判断是否接案。对于满足接案条件的儿童,应与儿童、儿童监护人或照顾者澄清双方的权责,在确定下一步工作的时候,由于儿童监护人或其照顾者不一定能够了解下一步工作的目的,社会工作者需要向他们充分沟通解释,针对儿童的问题及需要,协商及确定下一步的工作重点。

原文

——从家庭、学校、朋辈群体和社区等多方面入手收集资料。

解读

儿童的成长离不开家庭、学校、朋辈群体和社区等环境系统,生态系统理论认为一系列的环境系统与个体之间相互作用并影响着个体发展,因此了解儿童的问题及需要需从这些与个体密切接触的环境系统去获取资料,这些资料能让我们更加全面地了解儿童,也能够间接了解儿童产生问题的原因。如果儿童问题与其所处的环境有紧密的关系,寻找可以修正环境中不利因素的途径,可能比单独对儿童开展服务更为有效和持久。

二、预估

原文

6.2.1 **社会工作者在预估过程中应完成下列工作:**

——发现和识别儿童问题的成因;

解读

每个儿童的成长环境、成长经历以及性格特征都不一样,因此具有相同问题表征的儿童,问题背后的原因很可能是不一样的。比如辍学问题,有些孩子是因为学习基础没有打好,学习跟不上而想退学;而有一些孩子可能是在学校跟朋辈关系紧张而无法继续学业。因此,社会工作者需要运用专业的方法,识别儿童问题背后的不同原因。

在确定求助者成为服务对象后,社会工作者需要更全面地收集关于服务对象的资料。生态系统理论认为,个人的心理与行为是与其周围的环境相互作用的,环境在个人的成长过程中有着重要的作用,因此服务对象资料的收集要考虑以下几方面:个人资料、家庭环境、社区环境、就学情况、朋辈关系以及社会大环境。

资料收集的方法有:(1)会谈法:与儿童、儿童家庭成员、社区有关人员、老师、同学等进行会谈,收集问题的相关背景资料;(2)观察法:通常在家访时应用,观察儿童生活的社区、就读的学校、家庭内环境及布置、儿童及其家人间的互动及情绪的表现;(3)利用已有资料查询:诸如其他机构转介的个案记录,学生档案、社区的档案;(4)咨询:社会工作者就儿童的问题向其他专业人员咨询,寻求建议。

除了在相关理论的指导下,多方面收集儿童的资料以分析儿童问题的成因外,社会工作者还需要掌握儿童发展阶段的心理及行为特征,能够综合上述资料,判断儿童问题的成因。

在资料收集完成后,需要对资料进行筛选、整理。社会工作者首先要对资料进行排序,排序的原则是事件的发生次序及重要性;其次是要识别资料之间的逻辑关系,从而梳理识别儿童的问题、成因及其所处环境的资源等信息。

原文

——识别儿童及所处环境中的积极因素和消极因素;

解读

儿童及其所处环境中的消极因素是指不利于儿童问题解决的因素,例如恶劣的社区环境对儿童行为的影响、家庭支持系统薄弱、儿童及其监护人或照顾者改变意愿不强烈等。这些消极因素有可能是个人的因素,也有可能是环境因素。社会工作者在分析资料的时候要注意识别这些不利因素,以及思考如何避免这些不良因素对儿童的影响。

除了问题视角,社会工作者还需要具备优势视角,即是发现儿童自身的潜能与优势,以及其所处环境中有利于儿童问题解决的资源,思考如何利用这些优势与资源去促进儿童的改变。

原文

——决定为儿童提供服务的方式和内容;

解读

在进行上述资料梳理分析、描述儿童的问题、成因、环境及资源等方面信息后,社会工作者需要对为儿童提供服务的方式及内容提出建议。社会工作者结合机构服务的资源、儿童自身的资源和儿童的需要以及工作者的能力,决定怎么为儿童提供服务,能提供哪些服务,以及服务能满足儿童的什么需求。服务的内容根据儿童的需求来决定,比如课业辅导、增强抗逆力、亲子交流等;服务的方式有个案工作、小组工作、社区工作等。

原文

——填写《儿童预估表》(参见附录 B);

解读

预估完成后要填写《儿童预估表》(参见附录 B)。《儿童预估表》分成两个部分:第一部分是进一步收集资料,包括儿童的基本资料和背景资料;第二部分内容是问题识别,包括评估的过程和评估的结果两部分内容。行为观察与面谈是通过与儿童或者其重要他人的面谈过程,以及儿童行为的直接观察,来分析儿童问题及问题形成的原因。评估的结果是对评估做的一个简要的结论,主要包括儿童的主要问题是什么、从何处入手进行介入、服务的内容和主要的服务方式等。

原文

——存在家庭高风险因素的应填写《高风险家庭评估表》(参见附录 C)。

解读

如果在收集资料时发现儿童所在的家庭存在高风险因素,就需要填写《高风险家庭评估表》(参见附录 C)。该表主要包括四部分内容:第一部分内容是该家庭的基本情况;第二部分是高风险家庭的类型,在填写时要注意,因为各栏中包括高风险的因素较多,因此社会工作者在打钩的同时,最好要简略标记该家庭的主要类型;第三部分内容是评估该家庭资源的使用情况,主要是看该家庭是否得到单位、政府、社会工作服务机构(社会组织)还有亲戚朋友的帮助和救助,并对救助的内容和数量做简要的说明;第四部分是对个案的情况做一个简要的概述,评估是否需要跟进服务。

原文

6.2.2 社会工作者在预估过程中应注意：

——坚持动态和持续性的原则,对儿童的问题逐渐深入认识;

解读

预估的两大步骤,全面收集资料及资料分析贯穿整个服务过程,它是一个动态变化、持续的过程。随着服务的开展与深入,社会工作者对儿童资料的收集和评估也越来越丰富,对儿童问题的认识也会由浅入深。因此,社会工作者可以根据预估的动态性和持续性,随时评估自己的服务方案是否需要调整。

原文

——对儿童面临的问题按轻重缓急排序,找出急需解决的问题;

解读

儿童所遇到的问题往往是多个问题或是许多的小问题积累而成的,有些问题是迫切需要解决的,有些问题是比较容易解决的,有些问题是解决起来比较复杂的,有些问题是无法解决的。因此,社会工作者需要对这些问题进行分析整理后按紧急及重要程度分类,再与儿童、儿童监护人或主要照料人协商,对于急需解决的问题达成一致的看法。对于问题的轻重缓急,不同的人有不同的看法,社会工作者应与儿童及其监护人、照料人等重要的其他人就儿童急需解决的问题达成一致的认识,确定下一阶段的工作重点。

原文

——关注儿童、家长及其他相关人员的参与,为他们提供表达意见的机会,充分尊重他们的意愿和态度。

解读

在预估过程中，无论是收集资料还是资料的分析与问题的预估，都要让儿童、家长和其他的相关人员参与进来，充分尊重他们的想法。虽然社会工作者可以依靠自身的专业知识和实务经验对儿童的情况进行分析并作出决断，毕竟他们是与儿童息息相关的重要其他人，要让他们围绕儿童的问题讲出自己的看法、建议以及期待。换而言之，在预估的过程中，社会工作者不是作为主体单方从儿童、家长及其他相关人员处收集资料来评估儿童，而是与儿童、家长及其他相关人员之间互为主体。多主体的共同参与，是儿童问题得到妥善解决的关键所在。

示例

小天案例的预估①

预估阶段的主要工作是收集服务对象更为详尽的资料，继而进行资料分析，初步判断服务对象的问题、成因。下面以小天的案例说明预估是如何进行的。

小天由其班主任介绍给社会工作者跟进。社会工作者从班主任那里了解到，小天与同父异母的妹妹由奶奶抚养。奶奶由于年迈且身患糖尿病，无法外出工作，生活及孩子教育基本由姑姑及伯父支持。由于姑姑与伯父有各自的家庭，奶奶带着孩子生活非常困难，班主任希望社会工作者能够跟进。社会工作者前往小天家中进行家访，计划深入了解家庭的情况。在这次家访当中，社会工作者了解到小天的父亲在小天一岁多的时候坐牢了，母亲因此离家出走。父亲出狱后娶了第二任妻子，第二任妻子因不堪家暴，在生下妹妹小多后离家出走。父亲到处流浪，对两个孩子不闻不问，从来不支持家中。目前两个孩子的生活费与教育都是姑姑与三伯父帮助一些。奶奶因为上了年纪，身体不好，且

① 本案例由云南连心社会工作服务中心提供。

患有糖尿病，无法外出工作，只能靠女儿支持一些。由于姑姑与三伯父有自己的家庭要扶持，对于要帮助两个孩子，对小天父亲有很多怨言。在初次接触小天时，社会工作者观察到小天与妹妹交流时，很容易发脾气，对社会工作者的询问也表现得很疏离，沉默寡言。妹妹小多全程表现得比较冷漠，很少跟社会工作者有眼神的交流或语言的交流。奶奶比较健谈，在言语中会责怪儿子不顾家庭，在孩子面前直言对其父亲的不满，抱怨儿子不管孩子，因而造成孩子冷漠寡言的性格，跟同学也玩不到一起。奶奶带着两个孩子住在一间20平方米的小房子里，简单，收拾得比较干净。

此次家访后，社会工作者根据谈话及观察的信息，利用家庭结构图、家庭生态图和社会支持网络评估表，更为直观地呈现小天及其家庭的情况，帮助分析案主的问题与成因。

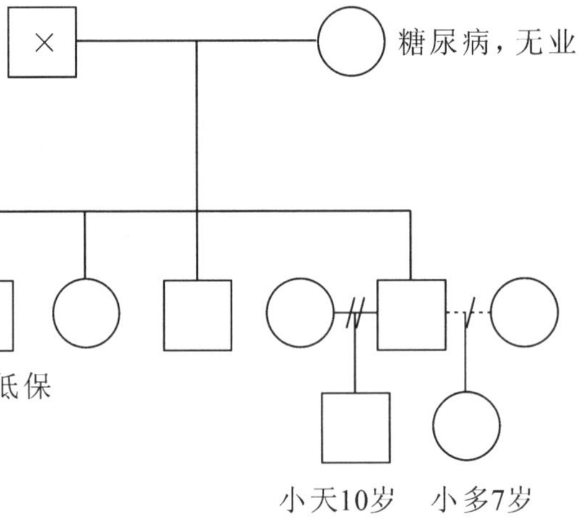

图4-1　小天的家庭结构图

说明：┈/┈表示同居后分开；//表示离婚；×表示死亡的家庭成员；□表示男性；○表示女性。

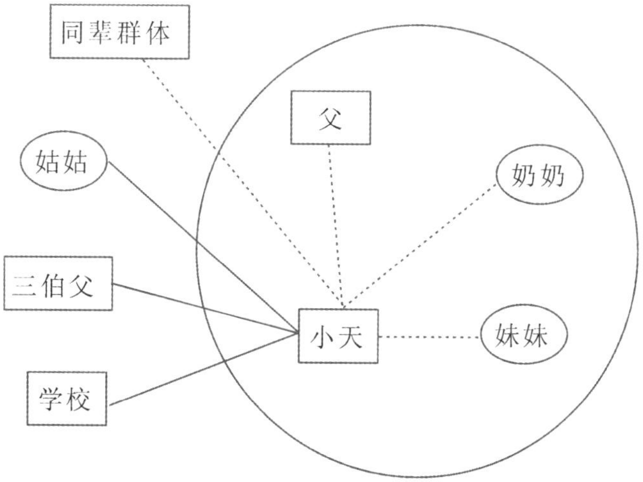

图 4－2　家庭生态图

家庭生态图示说明：圆圈内为服务对象及家庭系统，圆圈外服务对象的社会环境包括人、团体或组织。实线表示关系亲密，虚线表示关系不紧密。

表 4－1　小天的社会支持网络评估表

关系	接触频率	相识时间	支持类型	助人意愿
三伯父	经常	自小	金钱	低
姑姑	经常	自小	金钱	一般
班主任	经常	7 岁起	关注、链接资源	高

上述三种工具当中，从家庭结构图可以看出，小天的家庭功能中父母功能缺失，这对两个孩子身心健康发展造成一定的影响，其中一个表现是两个孩子性格冷漠寡言、易怒；二是孩子们的基本生活保障以及教育都依赖亲戚的支持，存在一定的危机。当然，父母功能的缺失对于孩子更深层次的影响单凭一次家访难以判断，需要后续进一步跟进。从家庭生态图与社会支持网络评估表可以看出，小天的正式与非正式的社会支持网络都很薄弱，与朋辈关系不密切。

根据老师反馈的情况及首次家访的信息，社会工作者整理出小天的问题、需求及其成因分析：一是父母功能长期缺失对于两个孩子的基本生活保障及教育的影响，这也是目前较为迫切的问题。小天及妹妹因为无法进入公办学校，民办学校的费用对于完全没有收入的奶奶来说基本上无法负担，虽然姑姑之前一直支持生活费与学费，但随着孩子升学及费用的增加，加上姑姑有自己的家庭负担，不愿意一直支持两个孩子上学，因此教育费用的支持目前是孩子较为迫切的需求，也是奶奶希望机构能够协助解决的。二是小天及妹妹最终问题的解决需要父亲履行其角色与责任。无论是亲戚扶持还是机构寻找资源，都难以长时间持续，最终需要父亲回归家庭，履行其作为父亲的责任与义务。按理来说，这其实是最需要解决的问题，但据目前的情况来看，这也是最难以实现的。三是家庭环境已经对孩子性格造成明显的影响，需要与孩子建立关系，从而进一步了解孩子的想法，再制订下一步跟进计划。

在小天的案例中，社会工作者在预估阶段中主要完成了以下几项工作：一是资料收集。资料收集的方式主要是通过家访会谈、观察法以及老师的反馈。二是资料分析。资料分析使用了相关工具，这些工具的作用是简明直观，可以帮助社会工作者系统梳理服务对象的情况，呈现家庭事件、历史、服务对象与其系统关系和沟通交流情况，以及服务对象的社会支持网络。三是初步判断。社会工作者根据资料分析的结果，对儿童问题的轻重缓急排序，确定目前最需要解决的问题。

三、计划

在完成预估阶段的工作后，社会工作者需要与儿童、儿童监护人或主要照顾者一起，进入下一个工作阶段——计划阶段，即寻求解决儿童问题的办法，确立服务目标，制定服务方法的过程。

原文

6.3.1　儿童服务计划包括以下主要内容：

——儿童的问题与需要，儿童及其所处环境的资源、优势；

解读

在预估阶段中，通过全面资料收集及资料分析后，社会工作者将资料综合起来，形成对服务对象的整体描述，这些描述将包含在儿童服务计划的制订当中。在服务计划制订当中，需要将儿童的问题与需要，儿童及其所处环境的资源与优势等各个要点的关系有机串联起来，形成对儿童问题的整体的认识。同时，社会工作者需要对儿童的问题与需要、成因作准确和详细的说明，明确主要需要解决的是哪些问题。这一部分的工作将有助于社会工作者梳理逻辑，厘清思路。

界定儿童的问题与需要应遵循个别化的原则，即每个孩子的情况都因其环境及个人因素而有所差异。不过就儿童的成长发展的特征来说，他们的问题与需要具有一定的共同性。按照儿童的发展阶段，我们把儿童面临的问题分为以下情况：

(1)在婴幼儿期(0～3岁)儿童可能面临死亡的威胁(被虐待、遗弃、拐骗和贩卖)、先天性的疾病、照顾不周带来的发育不良、语言智力和行动发展缓慢、不正常的依恋关系带来的缺乏安全感和对他人的信任等问题。

(2)在学前期(3～6岁)儿童容易出现一些常见行为问题，如说谎、哭闹、产生对抗和攻击行为等。

(3)在学龄期(6～12岁)儿童面临的主要问题有：学习困难、心理障碍、交往问题和营养不良等。

(4)在青少年时期(12～18岁)面临的问题更加复杂多样，一是学习任务和升学压力，二是与之相关的情绪问题，三是追求“独立”带来的家庭冲突和同辈关系的紧张，四是性教育和两性交往问题的困扰，除此之外还有社会化发展不良、近视、网络沉迷、青春期适应不良、药物滥用、雇用童工、自杀和青少年犯罪等问题。

在制订服务计划的时候，要对儿童面临的问题做一个描述，有一个定性的认识，并进行分类式的诊断，判断儿童主要是面临哪个发展阶段哪方面的问题。

儿童的需要具有层次性和多样性,不仅受个体内部因素的制约和影响,而且受环境变化的制约和影响很大。一般儿童主要有三个方面的需要:

(1)基本的生理、心理发展需要,如秩序、避辱、避害、依恋、宣泄、玩耍、直觉动作(通过实际操作解决具体直观问题,具有直观实践性)、自然空间、日常生活中食住排泄的需要;

(2)认知性发展的需要,如求成、获得知识运用概念、劳动、创造、探究、好奇、感官发展的需要;

(3)社会性发展的需要,如友情、合作、独立、归属(认可)、自主、得到关注的需要。

特殊儿童,如感官障碍、肢体障碍、智力异常、学习障碍、自闭症和特殊家庭的儿童(分居家庭,离异、丧偶和再婚家庭,家暴家庭,出轨家庭等),除了以上三个方面需求,还有其他特殊需求,社会工作者要评估服务对象在哪些方面的需要未得到满足,可以从需求满足的角度开展服务。

儿童所处的主要环境有家庭、学校(幼儿园)、居住的社区、同辈群体等,社会工作者要认出这些环境的不同特点和联系,发掘其中对儿童发展或者解决儿童问题具有的资源和优势,如对儿童关心的家长、老师,和儿童一起玩耍的小伙伴等。

原文

——服务计划的短期、中期和长期目标;

解读

制订服务计划目标的意义在于使得社会工作者与服务对象清楚未来共同的方向是什么,促进社会工作者与服务对象共同努力,通过一系列具体的行动计划以获得改变或问题得以解决。目标的制定需要社会工作者与儿童、儿童监护人或主要照顾者共同讨论协商确定,所制定的目标应具有现实可行性。

从范围上来分，目标可以分为总目标和各阶段的分目标；从时间的角度可以将服务计划的目标分为短期目标、中期目标和长期目标。

短期目标是解决儿童面临的紧急问题，是针对儿童的现实性问题进行探讨，促进儿童的自我了解和自觉。中期目标一般是协助儿童认识、接纳和悦纳自我，建立积极健康的自我形象和良好的生活方式。长期目标是达到儿童的自我实现、自我认识、自我促进，自我接纳也接纳别人，有良好和深入的人际关系，有开放的态度、诚实，有创造力、有责任感，现实的自己和理想的自己协调一致，等等。

制定目标的策略有以下几点：一是向儿童、儿童监护人及照顾者解释设立目标的目的是什么；二是通过目标的筛选、目标定义，共同选择合适的目标，这部分工作是社会工作者与服务对象讨论针对儿童不同的问题的各个目标，从中选择服务对象最希望解决及最急切需要解决的改变目标；三是讨论目标的可行性及可能存在的问题，目标过高或是过低都不利于服务对象的改变，因此社会工作者应与服务对象讨论目标的可行性及可能存在的问题，从而排除过高或过低的目标；四是确定不同阶段性的目标，即不同目标的先后顺序。

原文

——介入措施、行动步骤及进度安排；

解读

介入措施是指社会工作者介入协助服务对象解决问题和满足服务对象需求的整套方案，是改变服务对象的认知、态度和行为的系统性方法。介入措施包括介入的技巧、社会工作者的角色和所担当的任务。具体的介入包括最基础的情感宣泄、鼓励支持、理念确立、目标澄清，到具体的认知检视和行为改变，直至更广泛层面的环境改变等。

按照介入的方式和对象，社会工作者的介入活动可划分为直接介入、间接介入和综合介入三类。直接介入即以儿童个人及其家庭、相关群体为对象直接采取服务活动进行介入。间接介入即社会工作者为改善儿童周围的环境系统而采取的行动。综合介入是指以“人在情境中”为理念指导，结合直接介入和间接介入，不仅为儿童提供服务，增强其能力，同时改善环境，促进环境和个人的良好互动。根据面对的问题和提供服务的不同，社会工作者通常担当不同的角色。在直接介入时，社会工作者是积极的行为倡导者和运用知识与技能提供咨询及治疗的实行者。在间接介入中，社会工作者扮演着中介者、资源链接者、政策倡导者角色，通过协调资源和矛盾，推进制度建立，改善儿童和环境之间的关系。

行动步骤指的是在一个完整的服务计划中所包含的服务计划的各个过程。进度安排是指在服务计划书中包含的行动的时间限制以及对应时间该做的工作和何时完成任务等其他时间安排的内容。

示例

强制隔离戒毒人员的未成年子女回归原生家庭①

1. 个案简介：服务对象小萍，女，5 岁，幼儿园大班。其母亲因为吸毒被强制隔离戒毒两年，其父亲下落不明。因服务对象没有其他法定监护人，其母亲被强制隔离戒毒后，小萍被公安机关送入儿童福利机构临时监护照料，目前在儿童福利机构已生活 3 年。现在，小萍的妈妈强制隔离措施即将解除，社会工作者需要和司法部门建立沟通机制，评估服务对象家庭以及社会环境的支持程度，以保证儿童健康成长，顺利回归原生家庭。

2. 初步预估：本次过程评估由跨专业评估小组成员和对服务对象的具体负责的社会工作者完成。儿童福利机构为小萍提供了完善的生活照料、人文关怀以及良好的学龄前教育，目前身体健康状况良好。社会工作者与服务对象沟通过程中发现，小萍很想念妈妈，想和妈妈回家，拥有一个属于自己的家庭。跨专业评估小组成员也一致认为：本着儿童利益最大化的原则，小萍应该回归到原生家庭。所有的评估和跨

① 本案例由宁夏儿童福利院提供。

专业评估小组会议都有详细记录。

3. 进一步评估：社会工作者在小萍妈妈强制隔离措施解除之前，和小萍妈妈进行了几次沟通，发现以下问题：(1)小萍妈妈被解除强制隔离措施后，虽然成功地戒除了毒瘾，但是却面临居无定所、生活无着的困难处境；(2)社会工作者和跨专业小组评估成员通过对小萍妈妈目前的生活、经济、抚养能力等各方面再次评估，认为其暂时尚不具备独自抚养未成年子女的能力。

4. 制订服务计划：通过评估，针对小萍回归原生家庭后期阶段的工作，提出一些建议：(1)小萍妈妈暂时不具备独自抚养未成年子女的能力，为了使小萍的合法权益受到保护，延长小萍在儿童福利机构的照料期限3个月；(2)社会工作者在3个月中应不断跟进小萍的心理状况等，提供相关支持服务；同时不断跟进小萍妈妈的生活情况，及时提醒尽快做好小萍回归原生家庭的各项准备。

从上述案例可以发现，社会工作对服务对象的预估是一个过程，是持续的、动态的，主要是要发现问题，评估需求，协商解决问题的先后次序，明确服务主题和方向。因此，在开展预估时，不仅要获得服务对象系统的资料，分析问题的关键，更要针对问题提出相应的解决方向。

原文

——社会工作者、儿童和家庭或其他照顾者各自的任务；

解读

社会工作服务要实现服务计划的目标需要社会工作者、儿童和家庭或其他照顾者的共同努力。服务计划应获得儿童的知情同意，双方协商，同时在制订计划时应该将儿童的重要他人（特别是监护者、照顾者）纳入服务计划，且需要其充分参与服务计划。

在服务计划中，要明确社会工作者、儿童和家庭或和儿童有其他重要关系的照顾者各自的任务，使各方都知道自己做什么、怎么做，共同为促进儿童问题的解决努力。

原文

——评估参与者和评估方式方法；

解读

在确定服务目标、介入方法、各方的工作任务后，还需要制定评估方式和方法，以及确定评估的参与者。评估的方式主要有阶段性的评估以及结果评估。阶段性的评估是验证现阶段的介入方法的有效性，结果评估是对介入方法结果评估，判断其是否达到预期目标。在计划制订的阶段，社会工作者需要考虑的是应用何种评估方法去评估阶段性的目标，以及服务结束后的评估。

在儿童社会工作服务中，参与评估者一般是接受服务的儿童，服务结束后需对照服务计划的目标，评估是否解决了儿童的问题和满足了他的需求，以及儿童是否对社会工作者提供的服务感到满意。除了要评估接受服务的儿童，对服务中的其他参与者也要进行评估，如对社会工作者的工作的评估，对儿童其他照顾者能力提升的评估等。

原文

——填写《儿童服务计划表》（参见附录 D）。

解读

社会工作者要填写《儿童服务计划表》（参见附录 D），需要注意的是，这个服务计划表是一个基本的框架，具体的服务计划内容要更详细一些。各个机构可根据机构具体情况增加内容，但基本的要点都应该包含在内，包括对问题的描述、预期的目标、介入的策略和方法、执行者及相关参与者的工作任务、执行时间和执行状况、评估方式等内容。

原文

6.3.2 社会工作者在制定服务计划时应注意：

——在制定服务计划时应有儿童的参与，尊重儿童的意愿；

解读

服务计划关注的对象是儿童本人，因此由儿童决策和参与服务计划的制订将有助于激发儿童改变的动机，促进儿童承担起责任，也有助于服务计划的落实。例如，社会工作者希望帮助辍学的孩子重新寻找新的学校就读，重回校园，但这个目标需要与孩子及其监护人达成共识，孩子对目标的认同及参与，才能促进目标的达成。

在制订服务计划时应有儿童的参与指的是儿童全程参与服务计划的制订。服务计划的应用对象是儿童本人，在制订计划时应以儿童为中心，充分尊重儿童的意愿，引导其发现自身的问题和需要，双方通过平等的讨论和协商，确定一整套实现阶段性和最终助人目标的具体实施方案。制订的方案应该确保被服务儿童明白每个步骤的意图，并且愿意配合计划的实施。如果社会工作者与儿童产生分歧，应该平等地协商沟通，在尊重其意愿的前提下，尽量达成一致。

原文

——服务计划应尽量详细和具体；

解读

一份详尽具体的服务计划应该明确服务的总目标和各个分目标、实现阶段化目标和总目标需提供的服务、服务阶段具体的介入技巧和介入措施、社会工作者的角色和所担当的任务、行动步骤、具体的进度安排以及可动用的服务对象的资源等。

原文

——服务计划应与儿童服务的宗旨、目标相符合；

解读

在制订服务计划时，应该时刻注意与儿童服务的宗旨和目标保持一致，服务内容应该围绕儿童服务的目标展开。如果遇到与服务目标无关，但是有些机构和社会工作者能够为其提供的服务，也应该坚决拒绝提供服务。

原文

——服务计划应易于总结和评估。

解读

在制订服务计划时，应该更多地设置可测量的、易于阶段性和总体性评估的服务内容，使得在协助和解决服务对象的问题和满足服务对象的需求的同时，能够量化具体地把服务效果清晰地展现出来。

示例

小天案例的计划制订①

社会工作者对小天的问题进行初步的预估判断后，为小天制订服务计划。在服务计划中，社会工作者根据目前的情况列出了短期、中期及长期目标。

在上述的预估当中，社会工作者认为小天父亲履行其责任及义务

① 本案例由云南连心社会工作服务中心提供。

是一项较为紧急迫切的任务，但考虑到长期以来，小天父亲居无定所，四处流浪，即使家人也难以联系得上，因此考虑把促使小天父亲履行其责任及义务，协助其恢复家庭功能作为长期的目标之一。保证小天及妹妹的基本生活保障及受教育的权利亦作为长期目标之一。其中，不但涉及社会工作服务机构所能提供的服务，同时与其环境、支持体系密切相关。中期目标是了解小天的心理状况，并相应制订服务计划。一开始的两三次接触，对小天的情况了解尚停留于表面，故需要时间及方法去了解其家庭情况对他所造成的影响及使用何种方法可以帮助小天。短期目标为通过引入志愿者陪伴及邀请参加机构活动，从而与小天及其家庭建立关系，收集更多的信息；同时确认家庭经济状况及其与支持网络的关系也是短期目标之一。

在制订了初步的服务计划后，社会工作者再次来到小天的家中，与奶奶讨论下一步可以为小天提供的服务：考虑小天学习成绩一般，平时在家，外出活动基本上没有，社会工作者介绍了机构的服务，建议可以招募两个志愿者帮助周末补习功课以及带领外出活动；由于机构每月定期有外出活动，邀请小天参加活动。

小天奶奶提到的希望机构协助解决小天及妹妹的学费问题，社会工作者解释需要进一步核实家庭情况才能协助寻求解决办法。奶奶与小天同意社会工作者的建议，双方约定这个月的外出活动由社会工作者带领小天一起参加。

在小天这个案例的计划制订阶段，社会工作者制订计划时考虑到几个要素：一是计划的可行性，小天父亲对其问题的解决起着至关重要的作用，但是由于暂时无法接触到小天父亲，以及需要对其家庭情况进一步了解，对于小天父亲的工作作为一个长期的目标；二是循序渐进的步骤，社会工作者通过志愿者的定期探访、外出活动的邀请，进一步了解家庭的实际情况，核实家庭经济状况，与小天逐步建立关系。

四、介入

原文

6.4.1　介入任务

解读

社会工作的介入有两类:直接介入和间接接入。直接介入是指社会工作者与儿童、儿童监护人或主要照顾者一起行动,改变儿童的认知、行为,以及调解儿童或其家庭与外界环境的冲突,协助他们使用内在及外部资源解决问题,恢复社会功能。直接介入是对儿童及其家庭、相关群体为对象进行介入。间接介入可以理解为社会工作者改善儿童周围的环境,从而促进儿童问题的解决,是社会工作者代表儿童而采取的介入方式。两种介入方式的对象不同,因此两种介入方式各有其侧重的任务。

示例①

贵州省松桃县P村龙某上有老人要赡养(公公健在,婆婆已经去世),下有六个未成年的孩子要抚养,最大的孩子不到十岁,最小的孩子一岁六个月。丈夫外出务工,只有过年的时候才回来。家里事情由龙某一人打理,生活来源依靠丈夫务工赚钱与农村低保。

流动服务团队在给龙某的孩子体检过程中,发现有不同程度的贫血及生长发育迟缓情况。团队的卫生人员向龙某发放了营养包及家长宣传手册,帮助她改善孩子贫血和生长发育迟缓情况 。团队的社会工作者了解到,龙某有三个孩子还没上户口,她跑了多次乡政府都因为证件不齐全没办成。进一步询问后,社会工作者得知龙某的这三个孩子都是在家接生,没有医院开具的出生证明,再加上龙某夫妇一直没有办

① 本案例由中国—联合国儿童基金会“儿童早期综合发展试点项目”贵州松桃县社会工作者田川提供。

理结婚证，所以导致孩子上户口问题悬而未决。

掌握上述情况之后，社会工作者指导龙某到村委会开具证明，并赴县妇幼保健院办理了孩子的医学出生证明，龙某夫妇也补办了结婚证，最终孩子上户口的事得到了解决。考虑到其家庭经济和生活状况，社会工作者还协调乡镇民政干事，协助龙某申请了临时生活救助。

在流动服务团队及社会工作者的影响下，龙某干完农活，只要项目设立的儿童活动室开门，她都会带孩子去活动室陪孩子们玩耍，给孩子讲故事。孩子们的贫血状况也得到了改善。

帮助龙某一家解决问题的过程中，流动服务团队也在村民中赢得了良好口碑，一些儿童的家长也主动寻求流动服务团队的帮助。龙某所在家族中，有三个孩子其父母病逝，老大已成年，在外务工，未成年的弟弟和妹妹留在县城上学，符合孤儿条件，但不知道如何办理孤儿证和申领孤儿基本生活费。得知这一情况后，社会工作者积极干预，协助办理了孤儿证，使他们获得了国家给予的孤儿基本生活保障。

本案例中社会工作者就龙某孩子的户口问题提供了政策咨询和指导，并协调相关单位解决了上户口的难题，同时针对龙某一家孩子多，经济较困难，孩子可能因家庭贫困在营养、卫生、教育等方面遭遇风险，故积极协调民政部门，为其提供社会救助，促进其享受到现有政策福利。上述服务均属于直接服务。该项目为村子建立了一个儿童活动中心，配备了图书、玩具、游戏设施，并聘用兼职工作人员管理活动中心，为儿童提供安全的玩耍、交往空间。这些建设儿童成长友好环境的工作，属于间接服务。

原文

6.4.1.1 直接介入的主要任务有：

——促使儿童、家长及相关人员学会运用现有的资源；

解读

促使儿童、家长及相关人员学会运用现有资源是指在社会工作者为儿童服务的过程中,需要积极充分调动现有的能够帮助儿童达到服务计划目的的资源,包括各个生态环境系统(家庭、社区、学校等)的财力、人力、物力等方面的资源以及儿童本身所具有的内在资源。通常在下列几种情况下社会工作者需要采取行动,促进服务对象对资源的运用:一是服务对象缺乏资源完成人生任务,二是服务对象不清楚现有的可利用的资源,三是服务对象知道现有资源但是却不知该如何利用。

促使儿童、儿童监护人或其主要照顾者运用资源的具体策略主要有:一是帮助他们运用自己的内在资源。社会工作者应该在此项策略中扮演咨询者、辅导者、促进者、教育者等角色,协助服务对象以正确的态度分析看待问题,挖掘其解决问题的自身资源,改进其解决问题的方式,从而有效解决服务对象的问题。二是帮助他们运用现有的外在资源。服务对象可运用的现有的外在资源主要分为两类:正式的资源系统和非正式资源系统。正式的资源系统包括政府服务机构以及非政府服务机构,非正式资源系统包括家庭、亲友、邻居、同事等。在这项策略中,社会工作者通过扮演中间人、倡导者帮助服务对象与外界各个生态环境系统实现有机的联结,最终实现服务对象能力的增强。

原文

——对儿童与环境产生的冲突进行调解;

解读

当儿童与环境产生冲突的时候,社会工作者需要采取调解行动,目的是帮助儿童与其所处环境中的系统找到利益的共同点,促进改变。

开展调解行动的策略要点:一是要协助儿童与产生冲突的环境接触,在通常情况下孩子会比较抗拒与其产生冲突的人或系统接触,此时社会工作者应耐心向儿童、儿童监护人或其主要照顾者解释,分析冲突双方的共同利益,鼓励双方接触,寻求解决办法;二是促进环境系统回应儿童的需要,并对儿童的需要作出及时的回应;三是在双方重新接触、关系重新建立,社会工作者需协助双方确定共同的目标;四是在开展调解行动的过程中,社会工作者要注意保持中立,不偏袒任何一方。

原文

——运用各种能够影响儿童改变的力量帮助儿童实现积极的改变;

解读

运用各种能够影响儿童改变的力量帮助儿童实现积极的改变指的是在考虑机构的价值理念以及介入目标、服务对象的情况、资源设备的配备等情况下,通过诱导、劝导、利用关系和利用环境等方式帮助儿童纠正原有的错误的自我认知、态度和行为,从而达到积极的改变。诱导通常是通过一定的奖励与处罚机制实现;劝导是指社会工作者通过有说服力的证据和观点改变儿童的认知;利用关系是指利用人际关系的力量去影响儿童的行为;利用环境是指利用服务对象的外部资源的影响力来改变儿童。

原文

——填写《儿童服务面谈记录表》(参见附录E)。

解读

社会工作者在与儿童面谈前设计面谈的内容,如《儿童服务面谈记录表》中所呈现的:儿童姓名、面谈时间、地点、主要内容、评估和反思,面谈记录需说明本次面谈要跟进的事项以及下次面谈的时间和议题,在面谈过程中简要记录,面谈结束后需要详细填写记录。

原文

6.4.1.2 间接介入的主要任务有：

——注意发掘和运用儿童所在社区的资源；

解读

间接介入的任务之一是社会工作者帮助儿童及其家庭争取资源以解决问题。一般来说，社区的资源分为社区的人力、物力、财力、文化及组织资源。人力资源是指：在社区中有声望和地位的人，如社区中的资深居民；有合法权威，如社区居委会；具有专业知识和专业能力的人；领导的人格魅力；掌握信息；已成型的社区网络。除此之外，社会工作者应该清楚实际上任何人都可以在不同方面对社区产生不同层次的影响，不仅仅局限于以上几类有影响力的社区人物。物力资源是社区一些可以满足儿童问题与需要的场地以及器材。财力资源是社区中针对儿童服务的一些活动经费或企业的赞助。文化资源是指社区的故事、古迹、文物等遗产。组织资源是指社区基层政府、社会团体、企事业单位以及各类互助性及公益性小组。

社会工作者可以通过以下技巧更科学有效地发掘服务对象所在社区的资源：建立社区各类资源的资源库并与之建立一定的关系；充分了解社区社情民意，识别有影响力的社区人物的能力；需具备与有影响力的社区人物和服务对象建立专业关系，一起工作的技巧和技能；具备令人信服的游说技巧；把握介入的目标的技巧。

原文

——协调和链接各种儿童服务的资源与系统；

解读

一个地区能够为儿童提供服务和资源的通常不止一个机构或组织，而且各个机构和组织自身也有其不同的服务目标和计划，因此社会工作者需要做的就是让为儿童提供服务的机构之间实现有机联结，让各个助人机构明白彼此的助人计划和服务进度，从而减少助人工作的重复和资源服务的空缺。

在实现协调和链接各种儿童服务的资源与系统时，应该把握以下几个原则：(1)协调前充分收集分析各个机构组织的资料，提高协调效率；(2)与提供服务的各个机构组织沟通情况，为有效链接奠定基础；(3)了解各个机构组织的不同观点，协调建立共同目标；(4)团结不同专业的服务人员实现共同目标；(5)识别各专业的优势和区别，注意划分职责。

原文

——改变儿童所处的环境；

解读

改变儿童所处的环境也被称为儿童环境介入、儿童环境改变术，目的在于通过改变儿童所处环境来协助儿童达到积极改变，从而完成服务计划和实现服务目标。改变儿童所处的环境中，“环境”一词指的是一个包含多层次的环境。如：物理环境、知觉环境、社会互动环境、社会体制组织环境、社会文化政治环境。改变儿童环境是一个需要有改变环境的意图和努力，以及对环境的状态的影响效果的分析，从而达到儿童和集体改变的过程。在此过程中，需要对儿童所处的环境进行环境分析、行动介入和介入评估。

原文

——促进儿童政策的改变；

解读

促进儿童政策的改变主要从以下两个方面着手：(1)促进为儿童提供服

务的机构或组织的政策的改变。每个为儿童提供服务的机构或者组织都有自己的目标和政策以及服务的程序,当机构或者组织不能满足服务对象的需求、服务的程序中存在某些不恰当的工作方式以及服务程序中出现阻碍儿童功能发挥和人生任务完成的时候,机构都需要尝试去改变服务的政策、完善服务程序和制度去解决服务中出现的问题,满足儿童的需求。(2)促进儿童保护和儿童社会工作及相关法律政策的改变。社会工作者应承担起政策的倡导者和促进者的角色,呼吁完善儿童和儿童社会工作的专门性法律和其他法律政策,充分保护儿童权益不受侵害,充分肯定儿童社会工作者在社会工作中扮演的角色。

原文

——填写《儿童社会工作者可利用的资源列表》(参见附录 F)。

解读

在确定间接介入后,填写社会工作者可利用的资源表,内容包括资源类型及提供资源的具体人员及联系方式、地址、可提供的具体帮助等。资源的类型包括:机构资源、社区资源、学校资源、政策资源与行政资源。资源的具体提供人员包括:儿童服务机构、儿童医院、民办服务机构、基金会;社区居委会、社区医院、社区志愿者、社区组织、社区单位、附近的派出所;学校民警、辅导员、班主任、学校心理咨询师;各类相关政策、民政、教育专家等。

示例①

一、个案背景

(一)基本资料

服务对象小李,男,今年 14 岁,患有先天性白癜风,辗转各地治疗

① 本案例由山东潍坊社会工作者协会提供。

无果。刚刚转学到一所新学校，承受着转学后人际关系的断裂以及巨大的心理压力，他表现得很自卑，总是喜欢戴着帽子。又面临小升初，他显得异常担忧，害怕自己的好朋友再次离开。对待学习有点破罐子破摔。服务对象家庭经济状况较差，在社区团干部的关注下介入。

（二）家庭资料

母亲跟婆婆、大姑姐、丈夫的关系都处于紧张状态，患有轻微抑郁症。父亲无固定工作。妹妹就读于幼儿园中班。

二、问题分析

结合服务对象的实际情况，社会工作者从生理、心理、社会等层面进行了个案分析。

（一）生理层面问题：服务对象是先天性白癜风，目前没有治好的希望，但不影响其身体状况。

（二）心理层面问题分析：服务对象是一个小学生，面对自己跟别人的不一样，转学之后的陌生环境，内心充满了自卑、恐惧、担忧。随着青春期的到来，有了对异性的关注，更是加剧了他的自卑情绪。服务对象的妈妈也是心里着急却不得方法，需要给予支持。

（三）社会层面问题分析：服务对象曾辗转各地治疗，妈妈长期吃药控制，爸爸没有固定工作，又加上妹妹的到来给并不算富裕的家庭造成很大的经济压力。服务对象从小是奶奶带大，跟奶奶关系较亲近。在学校只有一个朋友，还面临小升初的分别。服务对象的社会支持系统薄弱，迫切需要关怀服务。

三、服务计划

通过社会工作者的分析，同时结合服务对象和家属的需求，社会工作者与服务对象及家属共同制订了以下服务目标和服务计划。

（一）服务目标

1. 对服务对象予以关爱和舒缓疗护，转移注意力，缓解其先天疾病给心理带来的压力，让其积极地面对未来。

2. 通过幸福学堂，协助服务对象养成良好的学习习惯，提升其学习成绩，增强服务对象的信心。

3. 整合资源，为服务对象提供陪伴服务，为其父母增能，解决其经济问题。

4. 运用优势视角，让其协助社会工作者照顾比服务对象小的孩子。发挥朋伴作用，通过敞开心扉小组以及其他社区活动，构建社会支持网络，使其能更好地面对未来的生活。

（二）服务计划

1. 关注服务对象，整合志愿者等资源，进行陪伴照顾，根据服务对象的需求为其提供服务，提升服务对象自信心。

2. 为服务对象提供情感支持，尽可能满足需求。联系以前的老师增强对服务对象了解，整合协调资源，协助其通过自己的努力达成心愿。

3. 整合资源，为其父母链接技能培训机会，协助其母亲在社区早市摆个菜摊以维持生活，协助父亲找到相对稳定的工作，解决经济问题。

四、介入过程

（一）第一阶段

目标：建立良好的专业关系，收集资料，分析需求，一起制定服务目标。

主要内容：通过面谈，收集服务对象的详细资料，同时就服务对象的问题和需求进行协商，一起制订符合其现状的服务计划。

（二）第二阶段

目标：对服务对象予以关爱，缓解疾病给其心理带来的压力，让其接受自己，勇敢积极地面对未来。

主要内容：通过服务，让服务对象接受自己目前的状态。在服务的过程中结交朋友，搭建其自身的社会支持网络。

（三）第三阶段

目标：整合资源，为其父母链接技能培训机会，协助其母亲在社区早市摆个菜摊以维持生活，协助父亲找到相对稳定的工作，解决经济问题。

主要内容：服务对象在转学之后，不仅承受着疾病带来的压力，还承受着对以前环境的留恋、现在环境的恐惧而带来的心理上的沉重压力。社会工作者联系到了服务对象转学前的班主任，了解到他喜欢象棋，以前成绩还可以，内心敏感，喜欢被鼓励。针对了解到的信息，为其链接象棋老师。联系市场管理部门减免其母亲的摊位费，协助父亲找到相对稳定的工作。

（四）第四阶段

目标：整合资源，为服务对象提供陪伴，协助服务对象自我成长，让其照顾比自己小的孩子，实现服务的传递。

主要内容：在社会工作者的协调下，发动了家长志愿者、大学生志愿者，对其进行陪伴服务。一点一点引导他照顾比自己小的服务对象，在社会工作者的引导下，他现在能够积极主动地带领其他孩子打扫、维持社区卫生，孩子们也都喜欢跟他玩。现在他已经成为融入新家园项目的小志愿者。

（五）第五阶段

目标：做好离别情绪的处理，做好结案工作。

主要内容：提前告诉服务对象，逐渐降低见面的频率。社会工作者安抚家属并表示如有困难可继续寻求帮助，服务对象父母表示会带着儿子积极应对生活，情绪稳定，并一再感谢这段时间所有人的帮助和所做的一切努力。服务对象家人生活正慢慢步入正轨。

五、评估与结案

服务对象自信心得到提升，通过自己的努力达成心愿；社会工作者通过整合资源，帮助其父母找到相对稳定的工作，解决了家庭的经济问题。服务对象家庭回归正常的生活，社会工作者给予结案处理，但继续保持联系和关注。

本案例中，社会工作者针对服务对象提供了辅导和支持服务，促进环境对他的接纳；还通过链接资源帮助其父母找到了稳定的工作，解决其家庭生计问题。儿童社会工作中，改善儿童成长环境，为儿童创造一个友好的、富于滋养的生活空间是十分重要的服务内容。

原文

6.4.2 社会工作者在介入过程中应注意：

——坚持以儿童为本的原则；

解读

儿童社会工作者在介入的过程中需注意坚持以儿童为本的原则。坚持以儿童为本需做到：制订服务计划和确定服务的目标需要以儿童的利益为出发点，充分考虑儿童的问题和需求以及根据儿童的现有资源制订计划，并且在服务的过程中要充分调动儿童参与，促进儿童的自觉和自决，让他们承担起一起完成任务的责任。

原文

——考虑儿童的发展阶段和年龄特征；

解读

社会工作者在介入的过程中需考虑服务对象的发展阶段以及年龄特征，因为儿童社会工作者介入的焦点在于：协助服务对象完成人生阶段性任务和发展其社会能力，家庭与群体发展的特殊阶段相连的特殊任务也需要纳入考虑。

原文

——与儿童共同参与介入行动；

解读

在制订介入的服务计划时需要社会工作者和儿童的共同参与，双方经过充分平等地协商儿童问题和需求的基础上，制订出一整套完整的以及阶段性的可达到服务目标的服务计划，并且在服务的过程中，社会工作者和儿童需要明确分工和权责、适时修订调整服务计划，让儿童在主观上拥有行动和自我改变的意识，能动地接受社会工作者的协助，发展自身面对问题和解决问题的能力，最终共同达到服务目标。

原文

——介入行动与服务目标一致。

解读

介入行动应该围绕服务计划的目标开展，社会工作者在选择介入的方法上需要作出介入的预判，即社会工作者应该明确介入希望达到的效果，以及采用此种介入方法及技巧能否达到介入目标和能实现目标的程度是多少。

示例

小天案例的介入[①]

在得到奶奶与小天的同意后，社会工作者带领两名已经有家庭陪伴经验的志愿者，介绍给小天及家庭认识，约定每周探访的时间。与此

① 本案例由云南连心社会工作服务中心提供。

同时，社会工作者带领小天参加几天的外出活动，在活动过程中观察到小天不容易跟别人亲近，独来独往，对于别人的言语非常敏感，当受到攻击的时候，会加倍还给对方，这样也使得他与其他小朋友不易相处，不容易找到自己的小伙伴。每月的定期探访，奶奶不时反馈孩子的情况给社会工作者，社会工作者了解到由于父亲及继母相继离开，小天很难相信别人和跟别人建立熟悉的关系，慢慢地就建立了自己的防御方式。奶奶表示自己有时候也很难接受小天的一些言语及行为，例如奶奶问小天晚餐想吃什么的时候，小天会说"我想吃的你都买不起"，只有三伯父明白小天心里的苦，明白他为什么会这样。对于社会工作者关于小天为何不返回老家念小学的疑问，奶奶表示回去也没有活路，在家的大伯父夫妇终日酗酒，靠低保度日，自己靠着女儿生活，又患有糖尿病，回去也是没有办法。两个孩子的基本生活是没有问题的，但是上学的话，孩子的成绩进不了公办小学。上民办学校的费用不低，姑姑三伯父希望两个孩子读到四五年级去打工养活自己。

随着对小天了解的深入，明白小天的行为是因为父亲及继母的离开长期以来影响而产生。社会工作者召集两名陪伴的志愿者，重新调整了服务计划：一是与志愿者确定对小天的陪伴需要长期进行，尽可能不要发生中途换人的情况；二是对小天的心理辅导需要引进第三方的专业力量——青少年心理咨询师作为社会工作者的督导，协助社会工作者及志愿者对于小天所表现的一些行为进行分析及介入；三是小天的家庭情况更为明朗，社会工作者将在机构能力范围内为其链接资源，帮助奶奶缓解两个孩子学费的压力。

在小天的案例中，社会工作者主要运用了直接介入的方式，并尝试寻找小天现有的资源解决其问题。在介入过程中，社会工作者与志愿者发现了小天新的情况，并因此调整了服务计划，但调整后的计划仍然与原来的目标是一致的。介入方法的调整同时也验证了上述所提到的预估是一个持续性和动态性的过程，需要社会工作者在这个过程中不断地修正及调整原来的介入措施。

示例①

Y 中心是位于昆明市某城中村社区的一家流动儿童服务机构，自 2010 年以来，已经在社区扎根 7 年了，与社区的居委会、学校、幼儿园、派出所等部门都建立了良好的合作关系。一天早上，社区内一间幼儿园的李老师致电中心社会工作者，原来是李老师无意中在亲戚处碰到丁大姐，刚带着三个女儿从外地返回昆明。李老师告知社会工作者，这个家庭非常困难，父亲尚在外地处理最后的事务，还没有回到昆明，其中一个小女儿重病刚刚进入康复期，因为高额的治疗费用，家中一贫如洗。李老师知道 Y 中心一直在服务困境儿童，于是就想到给社会工作者打电话，想看看能不能带这个家庭来中心求助。

社会工作者感谢李老师的来电，表示能否提供帮助需要了解孩子与家庭更为详尽的信息，并请李老师提供有关三个孩子的年龄、性别、健康状况、上学的情况等，父母亲的一些基本的信息以及目前遇到什么问题。在这些信息中，社会工作者进一步了解到，患病的是第二个女儿，因为照顾孩子，母亲已经两年多没有上班了，家中靠父亲打工维持，女儿的治疗费用欠下了大笔的债务，不得已父母亲决定把孩子们带回昆明，计划在昆明落脚。目前母亲独自带着三个孩子回来，面临着帮孩子找幼儿园、学校的需要。社会工作者与李老师约定，下午与这个家庭会面。

下午，李老师如约带着丁大姐与她的三个女儿前来中心。社会工作者先做了自我介绍，继而介绍了机构的性质与业务范围，丁大姐带来了患病孩子的病历以及之前热心人士捐钱她所记下来的名字。由于三个孩子尚小，故此次会谈主要由母亲与社会工作者完成。

---

① 本案例由云南连心社会工作服务中心提供。

一、基本资料

大女儿,10 岁,4 年级,回昆明前在外地读民办学校;二女儿,5 岁,两年前因患重病一直在进行化疗,目前进入康复期,仍需进行定期的复查,一直没有进幼儿园学习;三女儿,5 岁(与二女儿为双胞胎),因双胞胎姐姐病了,她也没有上幼儿园。

丁大姐老家为云南某州,父亲过世,母亲患精神病需照顾。丁大姐夫妇俩在孩子们出生前已经在外地打工,这两年由于孩子生病,丁大姐不得不辞去工作,在家照顾孩子,家中生活及一切支出由丈夫在外地打工维持,一家人搬回昆明是想寻找生活成本更低、利于孩子康复的地方。目前丁大姐刚从外地返回昆明,在社区租下一间房子,房东知道情况后,把旁边一间没有出租的房子给丁大姐做饭,同时让丁大姐每周帮忙打扫楼道,减免了丁大姐 50 元租金。

二、主要问题

大女儿及双胞胎的上学问题。丁大姐希望能为大女儿寻找公办学校,一方面教学质量好,另一方面是民办学校的学费高,自己又还没有找到工作,家庭经济有压力,但初来到这个社区,什么入学政策也不知道,也不认识可以问的人。双胞胎的问题在李老师的陪同寻找下,找到社区内一家知悉孩子情况并愿意为两个孩子减免学费的幼儿园。

家庭经济问题。由于三个孩子都即将入学,费用估计要 4000 元左右,对于因病致贫的家庭来说,压力非常大,希望能寻求帮助。

社会工作者再次向丁大姐澄清其来意,是否希望机构就孩子在寻找学校以及经济上寻求帮助,丁大姐表示是这样的。社会工作者表示,这两部分的需求是目前机构可以协助解决的,愿意就此与丁大姐一家共同努力解决问题,并留下彼此的联系方式。社会工作者与丁大姐约定,过两天前来家里进行家访。

一天后,社会工作者前往丁大姐家中探访。由于从外地寄回来的行李还没有到达,家里的陈设很简单,适逢冬天,家里的棉被不够,厨具等也还没有运到。此次家访了解到，丁大姐在社区有一个亲戚，但关系不深；每天很花费心机为三个孩子准备食物，希望孩子能健康成长；不知道昆明有哪些公立的治疗孩子病症的医院，目前复查是在社区内的一家私立医院。言谈中社会工作者可以察觉丁大姐对于孩子的病情非常担忧，担心孩子不适应，会感冒发烧感染住院，丈夫又不在身边，自己感觉很无助与茫然。在此次家访当中，社会工作者得知患病的孩子两天后就要过生日了。

三、制订介入计划

基于首次面谈及家访后的信息，社会工作者整理了关于孩子的不同维度的情况。整理分析资料的过程，社会工作者运用了一些工具，如家庭结构图、生态图以及社会支持网络表格，同时在理论的指导下，对孩子和家庭的需要进行初步评估：一是患病孩子的医疗及康复需要；二是大女儿的入学需要；三是母亲的支持(情绪及经济)。

在对孩子及家庭的需要有一个整体的了解及评估后，社会工作者再次邀请丁大姐来到办公室，共同讨论后续需要进行的工作：

目标：通过协助孩子的教育及医疗资源的链接、母亲就业的解决，以及家庭支持系统的搭建，帮助孩子及家庭在社区扎根下来。

短期目标：协助解决孩子的入学问题；帮助寻找正规的医疗资源。

短期目标实施计划(三个月内)：1. 与机构所在社区的公办学校联系，了解入学政策及要求；2. 陪伴丁大姐前往机构所在社区的公办学校，了解入学要求；3. 与机构的医疗志愿者联系，了解孩子的病情适合在哪家医院及科室复查就诊；4. 帮助丁大姐为孩子申请学费资助；5. 邀请丁大姐加入社区内的流动职工工会，邀请参加工会组织的活动，多认识一些社区内的朋友；6. 通过为两个孩子庆祝生日，与孩子们建立关系。

四、计划的实施阶段(介入)

社会工作者通过与社区内的公办学校校长联系，了解到像丁大姐孩子的情况很难进入到公办学校就读(需要的七种证件不全以及学位不足的原因),后社会工作者继续带领丁大姐到非机构社区的公办学校了解,情况大致相似。在获悉无法进入公立学校学习后,丁大姐决定退而求其次,选择了社区一家相对比较好的民办学校。根据医疗志愿者的推介,二女儿的复查选择了昆明市的两家大型公立医院。

社会工作者帮助孩子申请到了学费资助,大女儿顺利进入学校继续学习。与此同时,负责工会工作的同事定期邀请丁大姐与孩子参加爬山、工会聚餐等活动。社会工作者通过孩子的生日庆祝以及邀请前来活动中心玩耍等一系列的工作,与三个孩子的关系也逐渐建立起来。就在社会工作者计划协助丁大姐找工作的时候,二女儿高烧不退,担忧之下,丁大姐把孩子送到医院住院治疗,后虽然康复了,但由于孩子的身体抵抗力差,无奈之下两个孩子进入幼儿园学习的计划不得不被搁置。丁大姐带着两个孩子,找工作限制很多,只能靠丈夫一份不高的收入维持着。

正当社会工作者计划为丁大姐在社区内寻找小时工的时候,机构主任找到了社会工作者,因为机构的另外一项工作——为困境儿童提供餐食的小厨房需要一位中午做饭的大姐,机构主任之前知道丁大姐的情况,故询问社会工作者丁大姐是否适合这份工作。得悉这个信息后,丁大姐决定接受这份工作。社会工作者在与丁大姐谈话中了解到,丁大姐在外地打工时,是做到了领导层的,因为女儿的病,才不得不停止工作,对她的打击非常大。社会工作者表示明白丁大姐的心情,理解她为家庭及孩子作出的努力。

在小厨房的工作开展过程中,社会工作者注意到丁大姐的主动性很强,会在网上寻找一些菜谱,使得厨房菜式多元化;与孩子们沟通也很有自己的一套方法。在与丁大姐沟通及一段时间的带领后,社会工作者逐渐将小厨房的工作及活动中心的日常运作交由丁大姐负责。丁大姐的丈夫也从外地返回昆明与家人团聚,找到销售的工作,工作收入逐渐稳定。二女儿再次入院治疗，这次与丁大姐一起做饭的大姐主动帮丁大姐照顾上学的大女儿，让她安心在医院照顾生病的孩子。大女儿在新的学校认识了很多朋友，经常前来活动中心一起玩耍，学习成绩在班上排名前十。两个小女儿经过一个学期的疗养后，计划进入学前班学习。目前，丁大姐一家的跟进尚没有结束，跟进目标调整为：定期跟进三个孩子情况；发掘丁大姐的潜能，协助丁大姐在工作岗位上找到自己的位置。

Y 中心由于已经在社区内服务多年，与区域内的学校、幼儿园、居委会等建立了合作关系，这些部门对于 Y 中心的服务也很了解，因此，当幼儿园李老师碰到外来的面临困境的丁大姐一家，会主动联系社会工作者，帮助丁大姐一家寻求帮助。社会工作者在此部分完成的是接案前的信息收集工作。信息的收集是通过向李老师了解孩子及家庭的基本信息与需要。通过这些基本信息的收集，社会工作者可以大致判断是否为机构的服务范围，同时为接案会谈做准备。

在接案会谈阶段，社会工作者主要是完成以下工作：自我介绍及机构介绍；通过会谈、病历资料收集了孩子们更为全面的信息；澄清潜在服务对象的求助意向并判断能否提供服务；确定为服务对象后，进入预估阶段——开始收集更全面的信息并进行分析。

在首次面谈后，社会工作者需要进行的工作是：一是核实情况；二是收集更多的信息以作分析预估。在这个案例中，社会工作者是通过与房东了解、家庭居住环境观察以及孩子病历等资料进行核实。通过家访，社会工作者收集到如下信息：家庭支持系统情况（亲戚、可以求助的人等）、三个孩子照顾情况与孩子间的相互互动情况；孩子的健康情况及医疗资源的使用情况；母亲及三个孩子的心理状况。

本案例中，介入计划是综合了直接介入及间接介入两种方法。间接介入是社会工作者协调及运用社区及机构的资源协助解决孩子的教育、医疗康复的需要，以及通过链接资源协助孩子及家庭建立在新社区的社会网络。直接介入是社会工作者促进丁大姐运用内在的资源——其对于孩子的担忧焦虑以及在新环境中安全地安顿下来的改变动机；运用优势视角，发掘丁大姐的潜能，协助她在新的工作领域找到能发挥自己能力与爱好的天地。另外值得注意的是，这个案例的介入中采用了系统视角，不仅协助解决了孩子的需要，而且需要意识到母亲支持及家庭支持网络的搭建对于儿童问题的解决至关重要。评估贯穿整个介入过程，随着家庭新的情况的出现，或者是基于新的资源的出现，社会工作者在介入过程中是根据这些新的情况与资源，调整跟进计划。对于介入过程中短期目标的完成情况，社会工作者可以运用目标核对表或个人目标尺度测量来评估目标的完成情况。

五、评估

原文

6.5.1 社会工作者在评估过程中应完成下列主要工作：

——根据服务内容选择适宜的评估方法（常用评估方法包括：基线测量法、任务完成情况测量法、目标实现程度测量法和介入影响测量法）；

解读

儿童社会工作服务评估的目的在于验证介入方法的有效性，判断服务工作是否达到预期目标，因此评估方法的选用应实用、简单、易操作。下面就常用的评估方法的使用及要点进行介绍。

1. 基线测量法。基线测量法是指社会工作者在介入开始对服务对象的状况进行测量，建立一个基线作为对介入行动效果进行衡量的标准基线，以评估介入前后的变化，并以此判断介入目标达到的程度。① 使用基线测量

① 马凤芝主编：《社会工作实务》，社会科学出版社，2010 年版。

法需要注意的是:一是社会工作者在介入前对服务对象需要介入的问题进行测量,而不是服务对象的所有问题;二是介入前在测量的基础上所得出的基本数据线,就是所谓的基线。基线测量法的应用范围非常广,可以是儿童及其家庭、小组工作的评估等。

基线测量法操作程序有三个步骤:一是建立基线。建立基线又分为三个步骤:确立目标,针对服务对象最需要解决的问题,确定介入的目标;选择测量工具,其中包括直接观察、问卷与量表;对目标进行测量并进行记录。二是进行介入期测量。基线建立后开始介入,记录并掌握服务对象的数字变化。介入期测量需要注意的是测量工作的一致性及测量目标的同一性。三是分析与比较。分析比较的方法主要有两种:统计分析,将基线期与介入期的数据进行对比;可视化整体趋势分析,通过将基线期与介入期的数据制成图表,呈现数据变化趋势。①

2. 任务完成情况测量法。任务完成情况测量法是指社会工作者将服务目标分解成不同的行动与任务,通过测量方法了解社会工作者与服务对象完成了哪一些介入任务,从而了解任务的完成情况。这种测量方法一般运用等级尺度测量方法:没有进展、极少实现、部分实现、大体实现、全部实现。每项任务得分相加后,除以这些任务可能得到的最高分,再乘以100%,就是介入任务完成的百分比。

3. 目标实现程度测量法。可分为:目标核对表,与服务对象讨论确定介入目标,然后使用等级尺度衡量介入后的行为变化,与介入前的行为作对比分析;个人目标尺度测量,其操作是社会工作者与服务对象先根据问题的轻重缓急,确定介入目标,然后讨论出个人化的测量工具,比如上述的5级等级尺度方法,来评估个人化的目标达成情况。

4. 介入影响测量法。可分为:服务对象满意度调查,用问卷或是口头咨询的方式,咨询服务对象对于介入情况的意见,简单易行,缺点是准确度不

---

① 李华伟:《基线评估法在社会工作实务过程中的应用》,《社会工作》2012年第6期。

高;差别影响评分:由服务对象陈述自己经过服务后发生的变化,区别服务介入带来的变化有哪些,其他因素介入导致的变化有哪些。这种评估方法对服务对象主观评价的影响也很大。

原文

——收集和分析相关资料;

解读

社会工作者根据服务内容确定评估方法后,根据评估方法开始收集相关资料。不同的评估方法对于资料要求有所不同,通常为了获得可靠的评估结果,资料的来源要全面而多元。通常这些资料的类型有:个案记录、小组记录及总结、社区活动记录及总结、观察报告、介入前/后量表、满意度调查问卷、服务对象的叙述资料等。分析资料的方法因评估方法而异,在上述的评估方法中已有介绍。

原文

——撰写评估结果;

解读

评估结果的撰写通常包括以下几点:服务对象的基本信息,服务对象的问题/需要,介入目标,服务计划,计划的完成情况,服务计划的评估方法及结论,附件(问卷、图表、服务对象自我叙述材料等)。

原文

——填写《儿童服务评估表》(参见附录 G)。

解读

附录 G 的儿童服务评估表适用于服务结束后填写，是一个基本的框架，各机构可根据实际的情况增减内容。

原文

6.5.2 **社会工作者进行评估时应注意：**

——儿童有哪些变化；

解读

无论应用何种评估方式，评估的最终目的之一是验证社会工作者所采用的介入方法对儿童产生什么效果，因此评估方法的选用应能体现儿童的变化、儿童的问题得到什么程度的解决、其所处环境得到何种程度的解决。

原文

——服务过程中所运用的理论与技巧是否恰当和有效；

解读

通过评估，社会工作者还可以验证服务过程中所运用的理论与技巧是否恰当有效，具体体现在服务对象的改变程度大不大、问题有没有得到解决或是其所处的环境有没有改善，这时候社会工作者需要考虑的是根据评估的结果调整介入方法与技巧。

原文

——明确要做哪些跟进工作。

解读

在评估过程中，通过对介入方法、介入活动及最终介入结果的描述，分析介入方法是否有效、是否达成预期目标（包括阶段性及总目标）、儿童的情况是否得到改善，判断促进或制约儿童改变的因素，从而以此为参考，判断后续需要做哪些跟进工作。

六、结案

结案阶段是当社会工作者与服务对象共同协商的目标已经达成或者服务对象认为自己的问题或需要已经解决达成的时候，或者是由于一些客观的原因不得不结束服务的时候，所进入社会工作的最后一个环节。结案阶段有其特定的工作任务，是整个助人过程的重要的部分。

原文

6.6.1 社会工作者在结案阶段应完成下列主要工作：

——巩固儿童及其所处环境已有的改变；

解读

结案虽然意味社会工作服务的结束，但是社会工作者有责任及义务要促使儿童及其所处环境在介入过程中获得的改变能够延续下去，而不是因为服务结束而停止。因此社会工作者需要运用适当的方法，协助儿童巩固和增强获得的改变。策略及要点包括：

1. 带领儿童回顾工作过程。社会工作者与儿童一起，回顾整个过程中自己发生了什么样的变化，儿童自己做出了哪些努力和取得了何种成果。通过过程回顾，社会工作者协助儿童对自己的问题、解决过程有重新的认知。

2. 强化儿童获得的改变。社会工作者要充分肯定儿童的变化及付出的努力，增强儿童的自信心，鼓励儿童继续坚持正向的改变，积极面对未来的挑战。

3. 恢复社会支持网络。社会工作者在结案前，应确定儿童的社会支持系统已经得以恢复或增强，即使在社会工作者离开后也能为儿童提供支持。

原文

——增强儿童独立解决问题的能力和信心；

解读

在介入的过程中，社会工作者逐渐培养出儿童独立解决问题的能力，帮助孩子看到自己能力的提升，从而增强孩子解决问题的信心。

原文

——解除工作关系，妥善处理分离情绪；

解读

结案意味着与儿童的服务关系的解除。在达到双方认定的工作目标而结案后，社会工作者的工作尚没有完结，需要对儿童进行观察及跟进，了解儿童的进展及需要，必要时提供支持。如果儿童有其他新的服务需求，需要进行转介，社会工作者应协助联系其他机构的资源。因为社会工作者工作变化需要结案或个案转介，需向儿童、儿童监护人或照顾者解释，做好交接工作。

无论是何种原因而结案，社会工作者都应该积极应对儿童可能出现的情绪。这些情绪可能是正面的，也可能是负面的。正面的情绪是儿童得知与社会工作者的工作关系即将结束，对介入过程获得的改变或是对自己的问题得到改善感到满意，对社会工作者充满感激，能够积极面对未来的挑战。在这种情况下，社会工作者应充分肯定及强化巩固儿童的正面反应，提升儿童面对未来的信心。

负面情绪是指当儿童得知服务即将结束的时候，出现对现有专业关系的依赖和不舍，而表现出来的一些诸如否认（不承认自己获得的改变）、倒退（恢复到以前的状态，甚至恶化）、依赖（经常寻求机会接触社会工作者，要求成为朋友)、伤感(难过、哭泣)、愤怒(批评社会工作者,表达不满)、讨价还价(寻找理由延长服务)等情感。社会工作者在结案阶段要留意这些负面情绪的出现,并提前做好应对措施,顺利完成结案。负面情绪出现时,社会工作者应注意调整自己的心态,以专业的态度客观面对。

原文

——填写《儿童服务结案表》(参见附录 H)。

解读

附录 H 是儿童服务结案表。除了儿童的基本信息外,个案性质及简单描述是对个案的问题进行描述;辅导目标是指儿童与社会工作者针对儿童的问题共同协商认定的介入目标;提供的服务及个案进展是指服务计划的进行及儿童在介入过程中获得的改变;服务对象现状是指目标达成情况及现阶段儿童的情况描述;最后是结案原因的选择及社会工作者签名。各机构可根据机构的不同性质,在此表格的基础上进行修改。

原文

6.6.2 社会工作者在结案时应注意:

——与儿童回顾服务的过程,以确定结案时机是否成熟;

解读

与儿童回顾服务过程的目的在于了解儿童对结案的准备情况,在回顾的过程中,注意儿童是否有负面情绪的出现,诸如担忧、难过、讨价还价等,评估儿童的改变及其所处环境的变化,以确定结案时机是否成熟。

原文

——提前告知儿童结案的时间，让儿童有心理准备，帮助儿童处理好离别情绪；

解读

提前告知儿童结案的时间，做好结案的心理准备。可以与儿童公开讨论结案，告知结案可能会产生的影响，可能会令他们难以接受，告知儿童这些负面的情绪只是暂时性的。社会工作者应鼓励儿童表达自己的情绪，用同理心去理解儿童的心情，接纳儿童的感受，从而协助儿童处理负面情绪。

原文

——提醒儿童学会自立，告诉儿童在需要时将继续提供帮助；

解读

提醒儿童运用在服务过程中所学习的技能，通过过程回顾肯定儿童的改变，强化巩固儿童的改变，给予儿童心理支持，同时告知儿童，服务结束不代表以后完全不接触，而是在他们需要帮助的时候社会工作者可继续提供帮助。

原文

——让儿童理解自己的收获，正向表达感受。

解读

可通过安排正式的结案活动，让儿童分享自己的收获，表达离别的情绪，分享感受，以积极的态度面对分离。

示例

婷婷的结案登记表①

个案姓名	婷婷	性别	女
年龄	12 岁	转介者/转介(申请)日期	2016.10.16
立案/重开个案日期	2016.10.16	结束个案日期	2017.7.8

个案性质及简单描述：

案主现年 12 岁，左脚掌先天性残疾，影响正常行走，不能自理及独立生活。父母以打零工为生计，现回乡盖房子，与姑妈同住一栋楼。为学校转介个案，转介原因是家庭贫困。家访后发现经济情况不存在问题，因独自在昆明生活，故安排家庭陪伴的志愿者定期到家庭探访。在陪伴过程中，婷婷告诉志愿者自己在班上没有什么朋友，与一个别人不喜欢的女生 M 做朋友，M 还会经常打自己，问自己拿东西；班上的人都不喜欢自己，有时候问自己借钱借东西都不还给自己。后社会工作者与志愿者在同班同学中了解到，婷婷所述情况属实。

辅导目标：

为婷婷提供情感支持，协助改善朋辈关系。

提供的服务及个案进展：

1. 安排志愿者定期上门探访，建立关系；
2. 定期由志愿者带领婷婷参加活动中心的活动，搭建交友的平台，丰富课余生活；
3. 建立关系后，社会工作者及志愿者开始就婷婷的交友问题进行辅导。

工作方式是每个月两次与婷婷会谈，与婷婷讨论她是怎么定义朋友的、M 的所作所为是否能成为朋友，等等。在与婷婷达成共识后，社会工作者与志愿者每次见面会给婷婷一个小任务来完成，如如何拒绝别人借钱。每次见面前讨论上一次任务的完成情况，以及讨论在完成任务后婷婷自己的感受及遇到的困难。

① 本案例由云南连心社会工作服务中心提供。

续表

服务对象现状： 1. 在进行了两个月的介入后，婷婷决定与 M 断交。此决定也获得了她妈妈的支持，班上的同学开始愿意接触婷婷。婷婷很高兴自己认识了真正的朋友 T，T 会在别人欺负婷婷的时候上前阻止。 2. 适逢婷婷小升初，婷婷家人决定把婷婷转回老家读初中。婷婷将独自一人回家上学，感觉很紧张，不知道会遇到什么人，也很不舍得陪伴的志愿者。婷婷的跟进不得不因其返乡结束。返乡前，社会工作者抓紧机会就返乡可能遇到的问题对婷婷进行了辅导，并留下了联系方式，鼓励婷婷无须担忧，遇到困难可以给社会工作者打电话。 3. 陪伴志愿者与社会工作者在放假前与婷婷进行了告别。 4. 社会工作者计划在开学后致电婷婷，跟进其上中学的适应情况。
结案原因： 不能提供所需服务 社会工作者认为不适宜继续提供服务 （请注明） 服务对象不愿意继续接受服务 （请注明） √情况有变化（如服务对象转学、迁居等）：案主返乡 （请注明） 其他 （请注明） 服务对象知道个案已结束并知道在有需要时如何得到服务　√是　□否

第五章 《指南·服务方法》解读

第一节 概述

儿童作为成长中的特殊群体，他们在身心发展、认知、行为以及问题和需求等方面表现出明显的群体自身特点。在开展儿童社会工作服务时，需要针对儿童的具体问题和实际需求及其身心发展的特殊性，选择运用适当的社会工作服务方法。从方法的运用范围、目标、内容和功能来说，儿童社会工作服务方法一般可以区分为直接服务方法和间接服务方法。社会工作者在为儿童提供社会工作服务时，应综融地将直接服务方法与间接服务方法有效结合。

一、直接服务方法

儿童社会工作直接服务方法，是指社会工作者通过运用各种能够影响儿童改变的力量和资源，为儿童及其家庭提供直接服务，解决儿童及其家庭具体问题，帮助儿童实现积极改变，促进儿童健康成长的服务方法。儿童社会工作直接服务方法主要运用于直接面对和作用儿童的社会工作服务中，其主要包括儿童个案工作、儿童小组工作和儿童个案管理。

（一）儿童个案工作

儿童个案工作是指社会工作者在专业价值和理念的指导下，运用专业的理论、知识和技巧，充分调动和运用各种社会资源，通过以面对面沟通的方式为儿童个人或儿童及其家庭提供个案服务和咨询，旨在帮助儿童个人及其家庭解决具体问题，激发儿童发展潜能，更好地促进儿童改变和成长的一种专业方法。儿童个案工作的基本要素包括工作者、服务对象、工作方法和服务目标。

儿童个案工作是儿童社会工作常用的方法之一，被广泛运用于儿童服务领域中。在儿童社会工作服务领域，个案工作干预的焦点是儿童个体系统。儿童个案工作尊重儿童的个性和需求，承认儿童的价值和特殊性，面向所有身心发展可能存在困境和障碍的儿童，任何一个儿童都有可能需要专业的个案工作服务。

（二）儿童小组工作

儿童小组工作是以儿童小组为服务对象，经由社会工作者的策划与指导，通过小组活动过程及组员之间的互相支持、充分互动和经验分享，激发组员的能力和潜能，改善组员的情绪、认知、态度和行为，提升组员社会功能，预防和解决个人、群体、社区和社会问题，促进儿童健康成长和全面发展，实现儿童个人与社会和谐发展的一种专业方法。儿童小组工作的基本要素包括工作对象、工作目标、工作方法、工作者。

儿童小组工作是儿童社会工作常用的方法之一，被广泛运用于儿童服务中。在儿童社会工作服务领域，小组工作干预的焦点是儿童小组。小组工作将服务对象放在具有共同性问题的小组之中，强调为组员的成长和能力提高营造良好的互动环境，尊重组员的权利和能力，在组员的充分互动、互相帮助、互相支持和互相教育过程中，以达到协助组员学习、反思、提高和成长。作为小组工作的一个重要服务领域，儿童小组工作隶属于小组工作，同时又具有目标明确、组员问题相似、组员平等参与、组员互动示范、组员动力易激发等特征。

（三）儿童个案管理

儿童个案管理是个案管理者评估儿童的需求，关注儿童与环境间的互动，整合协调儿童所需要的资源，为具有多重困境与需要的儿童及其家庭提供全方位服务，强化资源网络及增进使用资源能力、帮助儿童摆脱困境的专业方法。

儿童个案管理，是个案管理在儿童社会工作服务领域的运用，是儿童社会工作服务方法的重要组成部分。儿童个案管理着力于回应和满足儿童多元化的需求，以儿童及其家庭为服务核心，关注儿童与环境间的互动，评估儿童的需求，调动、整合、动员、协调儿童所需要的资源和服务。儿童个案管理重视儿童改变的潜能，强调在服务儿童及其家庭过程中，针对儿童及其家庭面临的多种问题和需要，链接不同的资源，在团队合作中共同为儿童及其家庭提供最优服务、增强主动有效使用各种资源的能力。

二、间接服务方法

儿童社会工作间接服务方法，是指社会工作者整合、动员、协调和运用儿童内外系统的各种资源和服务，保护儿童基本权益，促进儿童政策改变，改善儿童成长环境，促进儿童健康成长的服务方法。儿童社会工作间接服务方法主要运用于间接面对和作用于儿童问题与需求的社会工作服务中，其主要包括资源整合、资源动员和政策倡导。

（一）资源整合

在儿童社会工作服务中，资源整合是指社会工作者整合儿童系统内外现有的家庭、社区、学校和其他部门的资源，为儿童提供更完善和有效的服务。正处于成长期的儿童，需要环境提供大量的资源。儿童社会工作不仅要着眼于为儿童提供各种直接的社会工作服务，还要为儿童整合资源。对儿童社会工作服务来说，资源指所有能满足儿童成长和发展需求的一切自然物质资源和社会资源，资源可能是物质资源，也可能是非物质资源，它们包括政策、资金、人力、物质、场地、信息、情感、社会关系、知识、技术、舆论支持等。

有效的儿童社会工作服务必须有充足的资源作为支撑，与儿童成长联系最为密切的是家庭、社区、学校、社会组织，整合家庭、社区、学校、社会组织的资源是保证儿童社会工作服务可能和有效的必要条件。儿童社会工作服务本身是一项长期性、系统性的工作,需要调动各方面的资源为其服务,才能取得持续效果。

儿童社会工作服务过程也是多层次、跨部门、跨专业整合现有资源并运用的过程,资源整合的效果决定着儿童社会工作服务的目标实现。

(二)资源动员

在儿童社会工作服务中,资源动员是指社会工作者为了儿童的利益,通过动员、拓展的方式,为儿童争取新的正式及非正式资源。

在具体的儿童社会工作服务实践过程中,社会工作者在整合现有的家庭、社区、学校和其他部门的资源后,有时仍会发现现有的资源不能有效支撑或不符合当下儿童服务的现实需要。这时,社会工作者就要打开资源整合局面,扮演资源动员者的角色,通过全面调查,发现并争取新的资源。有时候,资源动员的效果直接决定着儿童社会工作服务的目标实现、服务质量和服务的持续性。

(三)政策倡导

在儿童社会工作服务领域中,政策倡导是指社会工作者收集和系统分析与儿童及其环境相关的信息,关注和了解有关儿童立法与制度的决策过程、内容和结果,反映儿童诉求,从而推动儿童政策的完善。

为儿童提供社会工作服务,只在儿童个体层面解决问题和为儿童提供直接服务无法满足儿童及其家庭需求。社会工作者一方面要为儿童提供各种直接社会工作服务,另一方面也要以社会公平正义为理念,为儿童奔走呼吁,进行政策倡导。作为儿童社会工作方法的有机组成部分,政策倡导有助于解决儿童发展的社会环境和社会不公正问题,增进儿童社会福利,促进儿童健康发展。

第二节　详解

一、直接服务方法

原文

7.1.1　**社会工作者以面对面的方式给儿童及其家庭提供个案服务和咨询。**

解读

作为个案工作的一个重要服务领域，儿童个案工作隶属于个案工作，同时在服务对象、服务目标、理论基础、服务原则、服务模式以及服务策略等方面又呈现自身的特殊性。

1. 儿童个案工作的主要服务对象

儿童个案工作的服务对象是所有儿童，但重点是特定时期内处在困境中的各类儿童。困境儿童包括因家庭贫困导致生活、就医、就学等困难的儿童，因自身残疾导致康复、照料、护理和社会融入等困难的儿童，以及因家庭监护缺失或监护不当遭受虐待、遗弃、意外伤害、不法侵害等导致人身安全受到威胁或侵害的儿童。

2. 儿童个案工作的服务目标

儿童个案工作的目标重在长远性。儿童是成长和发展中的个体，儿童个案工作在解决影响儿童当下成长和发展的具体困难及问题的基础上，要致力于挖掘儿童潜能，调动儿童发展内在动力，最大限度增进儿童福利，改善儿童成长环境，促进儿童全面成长。

3. 儿童个案工作的理论基础

在开展儿童个案工作时，社会工作者要自觉遵从理论指导。对儿童个案工作影响深远的理论主要有：

(1)精神分析理论。依据精神分析理论,儿童正处于心理发展和人格形成的关键时期,人格和认知容易出现偏差。儿童个案工作者要着重从儿童本能和心理挫折角度去分析儿童问题,注重对儿童各种需求的合理满足,促使儿童人格不同层次保持平衡,避免儿童心理和人格出现偏差。

(2)认知理论。依据认知理论,儿童的不良行为主要是因为理性思维的缺乏或不良认知引致的。儿童个案工作者要针对儿童的认知和思维特点,提升儿童理性思考能力,帮助儿童获得对世界和社会的正确认知,促使儿童的行为正向发展。

(3)行为主义理论。依据行为主义理论,儿童的发展问题更多是通过儿童外显行为表现出来,儿童不适当的行为是对当前环境所作的不适当的反应。儿童个案工作者的主要任务是采取行为改变技术,对儿童的不良行为进行矫正和治疗,帮助儿童学习和掌握对环境的恰当反应,从而改变不良行为。

(4)社会系统理论。依据社会生态理论,儿童成长与社会系统密切相关,当儿童个体周围的社会系统整体出现不协调和失衡时,儿童个体的生存与发展就会出现问题。儿童个案工作者的主要任务是改善儿童生存和发展的社会系统环境,强调社会系统对儿童发展的强大影响力。

(5)标签理论。依据标签理论,有些儿童之所以成为有问题的儿童,是与社会成员对其及其行为的负面定义或贴标签密切相关。在儿童个案工作服务中,社会工作者的重要任务是改变儿童的不适当自我评价和社会对儿童的不适当评价,通过重新定义或标签的过程使原来被认为是有问题的儿童恢复成为正常儿童。

4. 儿童个案工作的服务原则

儿童群体有其自身特征,在遵循个案工作基本原则的基础上,儿童个案工作要遵循的基本原则及其内涵主要包括：

(1)沟通原则。要充分了解和掌握儿童群体的言语思维和人际沟通的特殊性,尊重儿童的沟通特征,结合具体个案工作中儿童的要求,从而力争达到最好的沟通效果。

(2)个别化原则。不同的儿童遇到的问题具有差异性,不同儿童的需求也具有特殊性,个案工作者要尊重儿童的差异,理解儿童的个性化,从而保证儿童个人功能的发挥和个人价值的实现。

(3)尊重与接纳原则。在服务中,儿童工作者要正视和承认儿童的个性、气质、观念、态度和行为,真正理解儿童,尊重和接纳儿童的权利、情感、意见和态度。

(4)儿童自决原则。在个案服务中,儿童个案工作者在引导、教育的过程中,要关注和尊重儿童的主体性、主动性与参与性,充分调动儿童的内在发展动力,尊重儿童自我发展的要求,相信儿童自我发展的能力,让儿童参与到共同寻找问题解决的途径和办法的过程中。

(5)人在情境中原则。在儿童个案服务中,要以生态系统视角,将儿童的问题置于儿童所处的家庭、学校、社区和社会环境中,系统分析儿童问题、评估儿童需求。

(6)保密原则。在不违背法律规定和不伤害儿童生命的基本前提下,尊重儿童的隐私,安全存放和保管儿童的个人资料,建立信任的专业关系。

5. 儿童个案工作的服务模式与服务策略

因为儿童问题的特殊性,儿童个案工作常使用的模式主要有:

(1)心理社会治疗模式。要求社会工作者从“人在情境中”认识了解儿童,诊断儿童问题的真实原因和变化过程,致力于理解和改善儿童成长环境,减轻儿童系统功能失调,提高儿童对环境的认知能力和主观感受能力,增强儿童对环境的适应能力,帮助儿童实现在客观环境和主观印象上的平衡。

(2)危机介入模式。对儿童来说,家庭的突然变故、学习和生活环境的巨大改变，都可能形成危机，从而给儿童带来困扰，引起儿童心理或行为上失衡。为此，社会工作者要迅速全面分析和判断危机引发原因、危机内容、危机发展阶段特征、危机可能影响，有效地稳定儿童情绪，积极整合、动员并运用资源，帮助儿童克服危机的不良影响，提升儿童自我调适能力。

(3)行为修正模式。儿童个体的行为模式正处于逐步形成和发展过程中，每个儿童都面临行为模式的强化和修正问题。社会工作者可以通过榜样、模仿、角色扮演、正强化与负强化等训练和治疗方式，重视儿童现实行为表现并训练儿童行为，改变儿童可能的异常行为。

(4)结构家庭疗法。聚焦于儿童问题与家庭结构之间的密切关系，社会工作者以儿童的家庭为治疗单位，介入儿童的家庭和家庭成员的交往过程，观察并了解儿童家庭结构及家庭成员的交往方式，明晰家庭界限，改善家庭成员的交往方式和状态，指导家庭结构完善，促使家庭功能正常发挥。

针对儿童的具体问题，儿童个案工作采取的策略主要有家庭经济救助帮扶、托育服务、亲职辅导、心理咨询与疏导、监督与干预服务以及家庭寄养、收养、儿童福利院和未成年人救助保护中心对儿童的安置服务等。

示例

相亲相爱一家人①

(一)接案与建立关系

1. 基本资料

案主，小娟，女，12岁，小学六年级。案主家庭4口人，分别是案主、案主母亲、案主父亲、案主弟弟。

2. 背景资料

案主在7岁就读小学二年级时被母亲送到赣州市某县某儿童托管

① 本案例由江西吉安协同社会工作服务中心提供。

中心,案主弟弟同年也被母亲送到该中心。案主母亲在赣州务工,案主父亲在广州务工。案主母亲与父亲在不同地方务工,长期分居两地。案主父亲极少主动与两个孩子联系,案主母亲平均每月看望孩子一至两次。案主与家人关系疏远,案主母亲与案主弟弟关系更为亲密。案主在学校与托管中心很少与他人主动交流,包括她的弟弟。案主学习态度随意,但学习热情持续时间短,也不知道如何学习。

3. 个案来源

社会工作者在江西省赣州市某县某儿童托管中心开展一项儿童社会工作服务项目时,经托管中心园长委托,获得案主本人和案主母亲的同意,与案主建立起专业服务关系。

(二)资料收集与问题判断

1. 资料收集

社会工作者通过与案主交流访谈并近距离观察案主,访谈案主母亲与弟弟,走访托管中心的工作人员以及案主的班主任、任课教师、同班同学、同寝室室友,电话访谈案主父亲,收集案主资料,了解案主重要成长经历、与家人关系、在学校和托管中心的表现。

(1)案主个人资料

身体:健康,发育良好。

自我照顾:案主在托管中心已有5年,很多事情都需要自己承受和处理,能独立清洗自己及弟弟的衣服,能整齐整理生活学习用品,自我照顾能力较强。

对父母看法:案主无法理解父母亲不愿意带自己和弟弟在身边,只知道赚钱,觉得父母不管自己、不爱自己,与父母关系疏远。案主很渴望但又不知道什么时候能离开托管中心。

交往沟通:案主不主动与母亲和弟弟沟通,也不主动与托管中心管理人员及同寝室的孩子沟通,在学校也不主动与老师、同学沟通交流。

生气和苦闷的时候，一言不发，不愿和别人交流自己的想法。周围人认为案主喜欢独来独往、寡言、难以沟通，遇事以自我为中心。但社会工作者观察发现，案主有与母亲主动沟通以及与同伴交往的意愿，喜欢被鼓励，且听得进道理。

学习：能遵守学校纪律，学习能力正常，但学习动机不明确，学习主动性不强，课堂不会主动回答问题，学习成绩在班上排名偏后，对学习有逃避心态。

(2)案主家庭资料

案主父母关系不和，在不同的地方务工，这种状况已达6年。案主父亲平时较少主动与两个孩子联系，只是每月提供数量不等的生活学习费用；母亲会按月定期看望孩子并提供一定数量的生活学习费用。案主与弟弟在同一儿童托管中心生活，也在同一所小学上学。案主在托管中心与弟弟关系并不亲密，也很少主动与弟弟沟通，但会帮助弟弟洗衣服。案主一家只是在春节的时候才会短暂相聚几天，案主和弟弟缺少家庭温暖。

(3)案主所在留守儿童托管中心

托管中心为每个孩子提供食宿等基本生活服务，有统一的学习辅导教师，部分替代家庭的照顾功能，但无法改变孩子的家庭关系，无法提供来自家庭的温暖。

(4)社会支持状况

各级政府会为托管中心的儿童提供一定的费用支持，当地爱心人士和志愿者会不定期到托管中心开展关爱儿童活动，会不定期给托管中心的儿童赠送某些学习用品，举办文体活动，但服务没有持续性。

2. 问题诊断

通过对收集到的案主资料的综合分析，把案主的问题主要界定为家庭关系问题、交往沟通问题、学习问题。具体表现为：

(1)案主从小缺乏家庭温暖。父母以赚钱为由,单方面决定把案主及弟弟送到托管中心。案主与弟弟在托管中心已达5年,案主渴望在父母亲身边,渴望家庭温暖和父母亲的爱。

(2)案主家庭情感结构疏离,家庭成员关系疏远。案主的父母关系不和,长期分居;案主对父母把自己和弟弟放在托管中心5年不理解并心生怨恨;案主与母亲平均一个月见一次面,案主与父亲只是在春节见面,案主与父母关系疏远;案主与弟弟生活在一起,但关系并不亲密。

(3)案主不善于沟通。案主的母亲与案主沟通,很少站在孩子的角度,多强调自己的不容易,案主与母亲之间存在严重的沟通问题;案主与父亲缺少联系沟通;案主在学校和托管中心表现得很自我,很少与人主动交流(包括自己的弟弟)。长期以来,案主内心渴望家庭温暖,但不知道如何适当表达自己。

(4)案主的学习成绩较差,有心提高,但又缺乏动力。

(三)制订服务目标与工作计划

1.服务目标

短期目标:与案主建立专业关系,取得案主信任;探索案主的心理状态和内心真实想法,改变案主的不良认知;协助案主制订合理的学习计划,提升案主的学习信心与学习能力。

中期目标:为案主提供情绪疏导,创造案主与家人的沟通环境,改善案主与母亲及弟弟的沟通方式;改善案主的交往状况。

长期目标:改善案主的家庭关系;提高案主的自我价值感;挖掘案主的内在潜能,提高案主自主学习的能力;协助案主更好地适应社会。

2.工作计划

理论基础:生态系统理论

介入模式:结构家庭疗法

介入技巧:主要运用倾听、澄清、同理心、对质、积极关注、尊重、接纳、提供建议、引导等技巧。

行动步骤:观察案主在托管中心的日常行为,平均每周集中服务一次,服务时长5个月。

(1)观察并记录案主在托管中心的日常行为,与其班主任和托管中心园长保持定期沟通联系。

(2)取得案主母亲的支持,在服务期间,案主母亲坚持每两周至少一次到托管中心看望案主。把案主在服务期间的表现及时与其母亲沟通,尝试与案主母亲探讨亲子沟通方式和技巧,尽量让案主感受到来自母亲的爱和理解。尝试联系案主的父亲,请其尽可能与案主保持一定次数的电话联系。

(3)在任课老师协助下,为案主制订学习计划,每周一次对案主进行作业辅导和阅读辅导。

(4)案主的母亲每次来托管中心期间,对案主进行家庭关系辅导,同时每个周末安排案主与其弟弟共同学习和玩耍。

(5)构建支持系统,与案主的班主任、任课教师、托管中心工作人员达成一致,多鼓励案主积极主动表达自己,与案主的同寝室室友达成一致,营造友好沟通交流氛围。

(6)联系志愿者,为案主提供学习辅导和生活帮助,为结案后持续服务做好准备。

(四)服务开展

1.观念澄清。(1)布置改善案主与家人关系的家庭作业,主要采用澄清、引导、鼓励、支持、提供建议等技巧,让案主明白家人之间是互相关心的,只是由于生活环境以及不良的沟通方式才导致他们的关系越来越疏远,案主意识到家庭适当沟通方式的重要性并愿意积极尝试。(2)案主的母亲逐渐认识到自身教育方式存在问题,以前过度希望孩子体谅她的不容易,却忽略了孩子的感受,把教育孩子的责任寄希望于学校和托管中心,却忽略了自己该有的责任。案主母亲认识到了自身问题所在,表示以后要多与孩子交流,多站在孩子的角度想问题。

2. 沟通方式和家庭关系改变。在案主母亲每次看望案主时,创造良好情境,鼓励案主主动与母亲以及弟弟沟通,逐渐消除与弟弟之间的隔阂。每个周末带案主及其弟弟去图书馆,加强姐弟俩的沟通交流。帮助案主与母亲、弟弟建立良好的沟通方式,增进母女和姐弟之间感情,让案主感受到自己家庭的温暖和亲情。辅以小组活动方式,鼓励案主与同伴主动沟通交流。

3. 学习成绩提高。案主接受了学习的重要性,协助案主制订了周、月学习计划,强化案主的学习方法,增强案主的学习能力,案主 2015 年 4 月的期中考试总成绩在班上进步了 13 名。

(五)评估

1. 案主反馈。通过个案结束评估表,案主认为自己与家人的关系没有那么僵硬了,开始理解母亲的苦衷,与弟弟关系亲近了,也产生了自主学习的动力,觉得要争口气,以后考上一所好大学。案主理解自己的收获,能正向表达感受。

2. 目标评估。通过个案记录、案主目标实现程度测量、案主满意度调查、案主的母亲和班主任以及托管中心园长的反映,表明此次服务目标达成。案主认识到了自己的问题所在,并通过自己的努力逐渐改善了问题,学会了适当的家庭沟通方式以及学习方法,案主的冷淡、交往封闭随着与家人关系的缓和不断缓解。

3. 专业反思

(1)本次服务最主要困难是案主的家人不常在身边,不利于家庭关系的调整。在整个介入服务中,只与案主的父亲取得两次电话联系,这是本次服务中最为遗憾的事情。

(2)社会工作者积极整合资源,把家人、老师、同学、托管中心工作人员、志愿者整合成案主身边的支持系统，建立联动机制，有助于从根本上较为彻底改变案主的成长环境，解决案主的偏差行为。

(3)本次个案服务中，有3次把案主的同学(室友)邀请过来一同开展服务，适当融入了小组元素，这既有利于社会工作者观察案主的交往反应，也能通过活动的形式提高案主的交流能力。

(六)结案

案主以前很少和弟弟沟通，也不主动和妈妈交流，学习成绩较差，没有合理的学习方法。通过服务，案主与弟弟会经常在一起交流，案主有时还会帮弟弟检查作业；案主也会主动和妈妈交流，会站在妈妈的角度思考问题；案主可以自己制订合理的学习计划，学习成绩有所提高，案主的问题解决。此次服务顺利结案。社会工作者后期继续与托管中心园长、案主家人与老师保持联系，检查案主是否产生退化行为，在案主需要时将继续提供适当的帮助。

在上述案例中，案主是因家庭监护缺失和不当而引致行为偏差的儿童，社会工作者以生态系统视角，遵循“人在情境中”原则，重视家庭的作用，把案主的问题与其家庭环境紧密联系，诊断案主的问题焦点是家庭情感结构疏离、家庭成员关系疏远，及由此衍生出的案主的交往沟通问题和学习问题。社会工作者以案主及其家庭为服务对象，针对案主的问题与需求，运用结构家庭疗法，充分使用倾听、澄清、同理心、对质、积极关注、尊重、接纳、提供建议、引导等技巧，聚焦于案主的问题与其家庭成员结构之间的密切关系，致力于介入案主与其家庭成员的交往过程，了解和剖析案主家庭结构和家庭成员的交往方式，改变案主与其家庭成员的交往方式和状态，改善案主的家庭关系，改善案主的成长环境，进而提升案主的交往和学习能力，保证案主个人的功能发挥和个人价值的实现，对案主及其家庭均具有增能效果。

原文

7.1.2 社会工作者以小组工作的方式给儿童及其家庭提供服务，包括支持性小组、治疗性小组、自助小组和任务小组等。

解读

作为小组工作的一个重要服务领域，儿童小组工作隶属于小组工作，同时又在目标与功能、服务类型、理论基础、服务原则、工作者的角色、服务模式等方面呈现自身的特点。

1. 儿童小组工作的目标与功能

儿童小组工作旨在以儿童的健康和全面发展，特别是通过小组内外的儿童之间的互动和沟通来推动和促进儿童的社会性发展为工作目标。针对儿童成长中面临的问题和需求，儿童小组工作功能主要表现为：预防和解决儿童态度、情绪、认知和行为面临的问题，培养儿童正确的价值观和良好习惯；培养儿童人际交往能力和团结协作精神，消除儿童的孤独感，获得同伴的正面支持和鼓励，培养儿童的同伴接纳和归属感；提供社会化和成长经验，使儿童更加适应外部环境和社会生活；培养儿童的安全感和自由感；挖掘儿童潜能，培养儿童兴趣，获得有关生活技能；培养儿童的社会价值观和社会责任感，成为担当积极社会角色的公民。

2. 儿童小组工作的类型

在儿童小组工作服务中，常见的儿童问题有：残障、疾病、贫穷、父母离异、家庭照顾不当、家庭暴力、亲子沟通不良、情绪不当、学业困难、人际交往困难、社会融入困难等。针对上述儿童问题的解决，从儿童小组工作的目标实现来看，儿童小组可以区分为支持小组、治疗小组、自助小组、任务小组、成长小组、教育小组、社会化小组、意识提升小组等。

3. 儿童小组工作的理论基础

在开展服务中，儿童小组工作依据的理论主要有组织系统理论、社会学习理论和心理分析理论。

（1）组织系统理论。儿童小组是由不同儿童和儿童之间不同的互动因素而组成的相互依赖的组织系统。儿童小组处在一个不断变化和发展的过程中，系统组织理论可以帮助更好地分析儿童小组的发展过程和内部互动状态，找到促进小组积极发展和目标达成的关键。

（2）社会学习理论。学习是儿童成长和发展的中心任务，儿童的行为是在对他人的行为观察和评价中不断学习获得的，在小组中学习并增加个人适应性行为是儿童成长的重要途径，社会学习理论对于理解儿童行为和小组环境的关系提供了理论架构。

（3）心理分析理论。儿童的健康发展与儿童心理发展紧密联系，在儿童小组中，小组自身的心理环境和小组成员的心理状况对于儿童的影响巨大，心理分析理论为儿童小组工作提供思维判断和实际服务行为的基础。

4. 儿童小组工作的原则

基于儿童社会工作一般原则，面对儿童的问题和需求特征，开展儿童小组工作要遵循的基本原则有：坚持儿童优先和儿童利益最大化；保障儿童的安全，尊重儿童的权利和能力；尊重小组成员和不同小组的高度个别化；鼓励和调动儿童主动性、积极性和参与性；重视儿童的民主参与和决策；激发小组成员建立互动、互助的合作关系；提升儿童的自信心和自尊、实现自治和自助。

5. 社会工作者的角色

儿童小组工作者在儿童小组工作中承担着重要的角色，但在小组工作的不同阶段，针对小组的不同任务和小组成员的不同需要，儿童小组工作者在小组中充当的角色不尽相同。在小组形成阶段，主要充当策划者、推动者；在小组的冲突阶段，主要充当引导者和调解者；在小组的规范阶段，主要充当促进者、使能者和控制者；在小组的执行阶段，主要充当支持者和改变者；在小组的结束阶段，主要充当评估者和倡导者。儿童小组工作者不同阶段充当的角色相互联系，并相互影响和支持。儿童小组工作者在小组中，要避免发生角色错位，更不能包办代替，只有这样才能发挥小组的应有功能。

6. 儿童小组工作的服务模式

在儿童小组工作中，较普遍应用的模式有互动模式、社会目标模式、治疗模式和发展模式。

（1）互动模式。依据互动模式，儿童个体是在与他人持续互动过程中积极塑造自己的行为，儿童在不断互动中才具有社会性和创造力。在为儿童提供小组工作服务中，社会工作者要聚焦于儿童小组组员之间、儿童与社会之间的相互影响，要通过建立小组目标，营造小组氛围，让儿童在小组中担任不同角色，帮助儿童在小组互动中塑造自己的行为，增进儿童对社会的积极适应能力，从而获得成长。

（2）社会目标模式。社会目标模式着重于个人问题解决与社会变迁的关系，强调社会系统与个人以及和群体的相互作用及影响。依据社会目标模式，在开展儿童小组工作时，社会工作者通过小组的一系列原则和方法，为儿童提供参与社会生活的空间，强调儿童在小组中参与、共识和任务达成，激发儿童社会意识和自我发展潜能，培养儿童的参与意识、民主意识和社会责任感，发展儿童的社会参与和社会行动能力。

（3）治疗模式。治疗模式以社会化理论与行为修正理论为基础，着眼于人的矫治、治疗和人格重塑的过程。在儿童小组过程中，社会工作者通过专业判断、专业辅导和小组内部建设，矫治妨碍儿童功能的情绪和行为偏差，促使儿童人格结构改变，帮助儿童个人达到心理、社会和文化的适应。

（4）发展模式。发展模式以人的发展为核心，强调个人具有成长的可能性和潜能，重视人与人之间的关系和互动功能，重视人的自我实现。依据发展模式，社会工作者通过儿童成长小组，在指导小组成员共同达成小组目标过程中，发掘儿童潜力，增强儿童决策能力和对生活负责能力，培养儿童的自信心、自我价值感和成就感，促进儿童成长和自我实现，适应社会变化。

示例

进城务工人员随迁子女人际交往成长小组①

（一）小组背景

随着中国城镇化步伐加快，大量农村人口转移到城市就业，为让子女接受更好的教育，部分农村进城务工人员将子女带进城市就近入学。近年来我国进城务工人员随迁子女数量不断增长，2016 年《全国教育事业发展统计公报》显示，全国义务教育阶段在校生 1.42 亿人，在校生中进城务工人员随迁子女共 1394.77 万人。其中，在小学就读 1036.71 万人，在初中就读 358.06 万人。数据表明，我国进城务工人员随迁子女已成为人数庞大的流动儿童群体。调查发现，因家庭教育方式、家庭经济条件、文化背景、城市接纳等方面的因素，部分进城务工人员随迁子女在人际交往中存在自卑感、较少主动与城市同辈群体进行交往、较易出现人际交往偏差行为，这些严重影响了进城务工人员随迁子女的正常人际交往和健康发展。

（二）理论基础

社会学习理论。社会学习理论认为，采用洞察他人的举止即能够学习和拥有新的举止与反馈方式。在小组工作中，所有组员即为一种资源库，组员可以共享彼此的阅历与体会，从而能够成为彼此的学习模范或经验提醒。学习是儿童成长和发展的中心任务，儿童的行为是在对他人的行为观察和评价中不断学习获得的。在“进城务工人员随迁子女人际交往成长小组”中，通过正强化和负强化手段，引导组员参与、

① 本案例由江西井冈山大学社会工作硕士专业学位教育中心提供。

观察、学习，可以帮助组员改变不良人际交往认知，学习彼此人际交往的经验，提升人际交往能力，共同成长。

（三）小组设计

1. 小组对象

本次小组招募宜春市袁州区某小学进城务工人员随迁子女 10 名，其中三年级学生 4 名、四年级学生 3 名、五年级学生 3 名。

2. 小组目标

（1）总目标

帮助进城务工人员随迁子女提升主动人际交往意识，增强人际交往信心，掌握基本人际交往技巧，提升人际交往能力，促进身心健康成长。

（2）具体目标

帮助进城务工人员随迁子女：1）提升对人际交往重要性的认知；2）营造温暖和信任的人际交往氛围，正确认识和悦纳自己及他人，提高人际交往认知能力；3）学会控制自己的人际交往情绪，提高情绪控制能力，缓解人际交往不畅带来的困惑和压力；4）学习人际交往技巧，提升人际沟通能力。

3. 小组性质

成长小组。

4. 小组实施时间和地点

2016 年 11 月 8 日 ~2016 年 12 月 31 日，宜春市袁州区某小学。

（四）小组实施

本小组活动共八节，每一节都有相应的主题、目标和具体任务，平均每周开展一节活动。

第一节，相逢是首歌（2016 年 11 月 8 日）。社会工作者向服务对象介绍小组工作人员及志愿者，在小组的目标、内容、时间、地点、规范等方面达成一致，形成小组氛围并产生契约，宣布小组成立；通过“名字串串烧”和“爱好一起说”游戏，营造组员间的信任气氛，增进组员间了解，激发组员交流的主动性。

第二节，你我手牵手(2016 年 11 月 15 日)。运用鼓励性和引导性技巧，通过情景剧“我是记者”和“我最怕的是什么”，与组员一起观察分析他们的人际交往态度、方式、内容和后果，鼓励组员在公众场合说话，教授组员怎样把人际交往的“胆怯”适当藏起来，引导组员学习人际交往技巧，增强积极人际交往的信心，提升组员间的亲密感。

第三节，我是独一无二的(2016 年 11 月 22 日)。运用通过自我披露和适当表扬的技巧，通过组员在白纸上画一幅自己的自画像介绍自己的优缺点，引领组员通过正面的、建设性的语言展开各自优缺点的讨论，帮助组员清晰客观认识到自己的优缺点，鼓励组员学会扬长避短，从而帮助组员进行正确的自我认识、自我定位、自我反思，提高人际交往的自信。

第四节，你眼中的我(2016 年 11 月 29 日)。运用聚焦和适当引导的技巧，通过“优缺点集中轰炸”游戏和组员分享环节，引导组员善于发现彼此的闪光点，学习赞扬和善意提示的语言表达技巧，形成善于欣赏别人的良好人际交往习惯。

第五节，我情绪我主宰(2016 年 12 月 6 日)。运用角色扮演和情景再现的技巧，设置三个不同的冲突场景，让组员在角色扮演中能够“身临其境”换位思考另一角色的情绪，总结不同情绪对事件结果的不同影响，学习站在他人立场考虑问题的人际交往技巧，学会控制情绪以及培养解决冲突的能力。

第六节，我来照顾您(2016 年 12 月 13 日)。通过布置组员周末为自己父母承担力所能及的家务，学会照顾父母，引导组员体会父母的辛苦和不易，体会爱和感恩，学会通过行动表达来促进人际交往。

第七节，模拟课堂(2016 年 12 月 20 日)。运用反问和反思的技巧，通过“模拟课堂”情景剧活动，让组员扮演老师，换位体验老师的辛苦，引导组员学会换位思考，在人际交往中为别人考虑，学会尊重他人。

第八节，展望未来(2016 年 12 月 27 日)。运用总结性技巧，请组员对整个小组的活动进行评价，并说出正向感受和收获，社会工作者充分肯定每个组员的成长，巩固所有组员的正向改变，处理好组员的离别情绪，鼓励组员做在人际交往中“不怯场”的儿童。

(五)小组评估

在服务前，社会工作者通过访谈和问卷调查获得了组员接受服务前的基线资料。本次小组服务结束后，社会工作者再次通过访谈和问卷调查获得组员接受服务后的资料，通过前后情况比较对本次小组服务效果进行评估。结果表明，通过本次小组服务，组员增强了主动人际交往意愿，提升了人际交往自信心，获得了人际交往的基本技巧，增进了人际交往能力。

在以上案例中，小组工作以共同具有人际交往困境的进城务工人员随迁子女小组为服务对象。社会工作者基于社会学习理论视角，运用发展模式，自始至终以小组组员为中心，针对组员的特点设计小组活动，恰当运用自我披露、适当表扬、聚焦、角色扮演、情景再现、反问、反思等技巧，通过游戏、情景模拟、讨论分享等方式，营造了组员充分互动的小组氛围，整个小组开展注重组员的主动参与、寓教于乐、形式活泼多样，社会工作者能有效控制活动场面并推动活动有效向前发展，取得了良好的服务效果。

原文

7.1.3 运用个案管理的方法评估儿童的需求、关注儿童与环境间的互动、安排协调儿童所需要的资源和服务。

解读

作为个案管理的一个重要服务领域,儿童个案管理隶属于个案管理,同时又具有自身的特殊性。儿童个案管理注重案主与环境,旨在保证案主获得所需的服务与资源。

1. 儿童个案管理的服务对象

儿童个案管理的服务对象一般是同时面临多种复杂问题、困境和需求的儿童及其家庭,单一的资源、服务和方法难以满足需要,要求个案管理者运用综合的资源、服务和方法才能满足需要。个案管理在儿童受虐、儿童寄养与收养、留守儿童关爱保护以及流浪儿童与流动儿童保护等需要长期、持续跟进和服务的儿童社会工作服务领域中非常重要。

2. 儿童个案管理的特征

儿童个案管理有自身的特征:(1)全面评估。服务对象的问题复杂多样,要全方位地分析儿童的困境和问题,评估儿童的需求,制订合适的服务计划。(2)构建资源支持网络。单一或分散的服务资源无法满足个案管理的服务对象的多元需求,个案管理要充分整合运用现有资源,要多渠道动员、拓展新的资源,为儿童构建资源支持网络。(3)协同服务。不同服务人员形成个案服务团队,相互配合、支持,协同为案主服务。(4)控制服务成本和服务成效。个案管理强调有效使用不同资源和服务,控制服务成本,以最小成本保证儿童服务的成效最大化。

3. 儿童个案管理的原则

儿童个案管理要遵循整全、系统、整合、协调、自然的原则。(1)整全原则。全方位地了解儿童的问题状态,全方位地评估儿童的需求,全方位地制订服务方案,全方位地提供服务。(2)系统原则。儿童的成长和发展过程中会面临多样的问题,这些问题的表现、成因、影响是系统的,要把儿童的问题放到系统中去分析和评估。解决儿童问题的服务也应该是系统的服务,要联合不同的组织、机构、专业人员、资源为儿童提供系统服务。(3)整合原则。个案管理者要对服务对象可以运用和发掘的资源与服务进行整合,避免服务的重合和某些方面的不足,避免有限资源的浪费。同时整合社会工作不同方法,保证服务的针对性、全面性和有效性,促使问题的解决。(4)协调原则。个案管理者必须要协调可能出现的矛盾和冲突,以及可能的相互推诿和信息不对称带来的误会和误解,协调不同的资源、不同的专业人员、不同的服务机构相互配合、支持,协同服务,保证案主利益的最大化和服务效果最大化。(5)自然原则。在儿童生活的真实自然生活情景下为儿童提供服务,自然而然地接触并服务儿童,以儿童可接受的方式为其服务,尽量避免给儿童施加压力。

4. 对社会工作者的要求

在儿童个案管理服务中,对作为个案管理者的社会工作者要求很严格。作为儿童利益、权益的代表和维护者,社会工作者要扮演评估者、链接者、使能者、协调者、教导者、倡导者、治疗者等多重角色,要有机结合各种角色,其中协调和链接服务资源是重要角色;社会工作者必须受过社会工作的专业训练和专门的个案管理技能训练,熟悉个案管理的工作流程和技术技巧;社会工作者要具备评估、动员、整合、协调和管理资源的能力;社会工作者要积极行动,主动与不同的部门及机构沟通、合作,为确保儿童服务效果的最优化持续努力。

5. 儿童个案管理的程序

作为一种服务体系和服务过程,个案管理的工作程序包括:(1)确认案主。建立与案主的信任专业关系。(2)评估案主的需求和确认案主的资源网络。系统评估案主的需求,确认解决案主问题的服务资源。(3)制订服务计划。制订包含服务目标、服务次序、目标达成方法、介入方式、行动步骤、成效评估方法的服务计划。(4)链接资源和执行服务计划。排除障碍,整合、动员、获取并协同资源,有序执行服务计划。(5)评估与结案。评估服务目标的达成情况,处理分离情绪,巩固案主与资源的链接,强化案主的服务效果。

示例

小太阳的上学路①

(一)接案,建立专业关系

1. 基本资料

案主一家三口人,分别是案主小太阳、案主父亲魏先生、案主祖母何奶奶。

2. 背景资料

案主小太阳9岁,智力残疾四级,曾在幼儿园上过一个月学,后被幼儿园劝退。因父母离异,案主由奶奶照顾。何奶奶已年过古稀,因身体机能退化而行动缓慢。魏先生35岁,是塑料袋业务员,收入不稳定,一个星期回一次家。案主家庭经济困难。

3. 个案来源

案主小太阳及其家庭是由其所在街道内务办主任转介而来。

(二)诊断问题、预估需求与资源

1. 问题诊断

(1)案主问题

自理和规范能力差:因智力残疾以及家庭对案主训练的不足,案主自理能力和社会规范都比同龄人低,他不会独立穿衣服、独立洗澡,也不敢独立睡觉。案主喜欢在路上奔跑,但不懂规避车辆。

缺少家庭教育和学校教育:父亲和奶奶没有有效训练案主自理能力,也没有学校接收案主。

① 本案例来源于广东省清远市博阳社会工作服务中心,执行时间为2015年10月~2016年6月。

(2)案主家庭问题

案主奶奶承受着巨大的照顾压力：年事已高，身患疾病，体力和精力锐减，面对日益成长的案主，照顾压力日渐增加。而案主父亲无暇分担照顾压力，案主奶奶感到担忧和无助。

案主父亲陷入习惯性无望：曾尝试让案主就读普通小学，但遭到拒绝，曾咨询特殊学校的招生条件，但因学校路途遥远、入学竞争大等原因而退缩，求助无门，案主父亲陷入习惯性无望。

2. 需求评估

(1)案主需要正确的照顾方式，需要培养适当的自理能力。从长远来看，唯有让案主学会自理，接受系统教育才是长久之计。

(2)缓解案主奶奶压力。案主奶奶常常流露出悲伤、担忧的情绪。她不愿向家人表露，积压在心里，长期下去会给她的身心健康带来不良影响。

(3)协助案主父亲和奶奶重树信心，积极面对案主的照顾问题。案主正处于人生迅速发展阶段，只要拥有良好的环境与教育，他一样可以习得自理技能，认识社会规范，得到良好的发展。

(4)发掘案主潜力，协助案主寻找机会与资源，让案主拥有良好的教育机会与环境。

3. 案主拥有的资源评估

社会工作者以辅导者、使能者、资源链接者、联系人、陪伴人的角色，协助案主一家改变消极态度，发掘个人与社会资源。

(1)街道办与村委会

街道办关注，村委会支持。社会工作者进驻案主所在街道不久，街道主任便把案主一家的情况告知社会工作者所在的机构，希望机构予以跟进。在跟进过程中，街道办及当地村委给予社会工作者大力支持，让社会工作者迅速与案主家庭建立信任关系，保证服务顺利开展。

(2)特殊学校

广东省清远市特殊学校是一所师资优良、设备齐全的公立学校,它面向全市招收残障儿童,能为残疾儿童提供良好的、专业的学习与成长环境。

(3)案主家庭

案主具有一定的认知能力,能和他人进行交流,能感受他人的情感。案主奶奶疼爱案主,无怨无悔地为案主和家庭付出余力。案主父亲很疼爱案主,希望案主能接受良好教育。魏先生的工作时间相对自由,可以给予家庭一定的支持。案主的大伯和案主一家同住一栋楼,可以适当协助案主一家走出困境。

(三)服务计划

1.服务目标

(1)陪伴案主家庭积极面对案主的照顾压力,集中力量解决其照顾问题。

(2)给予案主父亲和奶奶情感支持,舒缓他们的照顾压力和精神压力。

(3)提供精神和技术支持,帮助案主提升自理能力和表达能力。

(4)整合资源,协助案主获得学校教育机会,接受系统教育。

2.介入方式与行动步骤

(1)社会工作者向街道了解案主的基本资料、家庭情况及面临的问题,持续观察案主一段时间,了解案主自理的详细情况。

(2)邀请街道办主任、村委主任陪同社会工作者上门家访,与案主建立起信任的专业关系。

(3)与案主一家客观分析情况,激发他们的潜能,让他们重拾信心。

(4)与案主一家一起制订服务计划。

(5)整合、动员和协调案主可使用的资源。

(6)为案主制订训练计划,并给予鼓励与训练支持。

(7)联系市内特殊学校,了解招收条件,协助获得良好的教育机会。

(四)获取资源,实施计划

此阶段,社会工作者作为个案管理者积极争取可以解决案主问题的相应资源并恰当运用,把服务计划付诸实施。

1. 建立信任关系

在街道主任和居委会工作人员的组织与带领下,社会工作者用家访的方式与案主迅速建立信任关系。

2. 澄清彼此角色

明确社会工作者与案主的角色,厘清各自权利与义务。第一次接触时,与案主一家同住一栋楼的案主大伯提出把案主的照顾问题完全托付给社会工作者的建议。这让社会工作者意识到,案主家庭有可能对社会工作者和自身职责不太清晰,于是予以澄清,表明社会工作者的角色是协助者、使能者、联系人和教育者,并非能代替案主家人承担起照顾的责任,强调案主一家在接受服务过程中需要付诸努力,改善现状。

3. 提升案主家庭成员的信心,鼓励他们积极面对困难

社会工作者多次与案主的奶奶及父亲面谈,共同分析案主的现状。让他们明白案主拥有一定的认知能力,能与他人进行交流,只是缺少良好的教育与机会,所以社会规范与自理能力落后于同龄人。社会工作者鼓励他们,鼓起勇气,齐心协力面对困难。案主奶奶愿意改变现状并付出努力。案主父亲的积极性没有一下子被调动起来,但经过与社会工作者的谈话,他也意识到案主奶奶面临重大的照顾压力,并为案主的未来感到担忧。

4. 向特殊学校争取到面试机会

社会工作者向多家特殊学校或机构了解入学条件与收费标准,尝

试寻找可以帮助案主获得良好教育的环境，最后选择清远市特殊学校。

发动居民义工的力量，为案主额外争取到特殊学校的面试机会。社会工作者所在机构有一位志愿者是清远市特殊学校的教师，得到这位志愿者的帮助，学校了解到案主的情况后，愿意给案主一次面试机会。案主一家见到了曙光，振作起来，为面试做准备。

社会工作者提供情感和技术支持，协助案主奶奶和父亲训练案主的自理能力。

5. 第一次面试失败后，给予案主一家鼓励与支持

清远市特殊学校的入学条件包括：具有清远市户籍、7～14 岁儿童、有一定的自理能力、无重大疾病。2015 年 11 月 20 日第一次面试，案主其他条件都符合，但因为自理能力不过关，未通过面试。

面试回来的路上，案主一家都没怎么说话。社会工作者看得出他们内心的失落，于是安静地陪伴在他们身边。待案主一家的情绪稍微平复，社会工作者再与案主家庭聊起面试的事情，强调案主的优势，引导案主一家继续努力，准备下一次的面试。经过鼓励，案主一家再次鼓起勇气，与社会工作者制订详细的训练计划，准备下一次面试。

在社会工作者的联动下，街道办、村委及案主大伯也加入阵营，共同支持与协助案主的训练。同时还为案主联系到了一位康复医生给予专业训练指导。

6. 相信案主一家的潜能，陪伴面试前夕的关键时刻，协助案主获得入学机会

距离下一次面试有七个月的准备时间，社会工作者与案主一家制订了详细的训练计划，计划分为训练阶段和冲刺阶段。训练阶段，由案主奶奶负责训练案主的自理，由案主父亲负责训练案主的语言表达和胆量；冲刺阶段包括能力训练、模拟面试和场地熟悉。

功夫不负有心人，2016 年 5 月 26 日第二次面试，小太阳通过面试，

获得入学机会。案主一家、街道办、村委会、志愿者及社会工作者的努力都得到了回报。案主奶奶和父亲的脸上露出了久违的笑容。

7. 跟踪入学情况

入学后,社会工作者和特殊学校的志愿者依旧关注案主的情况,帮助案主度过两个星期的试读和适应期。

(五)评估

本次服务,目标达成。

1. 社会工作者联动案主家庭、街道办、村委会、清远市特殊学校以及志愿者、专业康复人士,发挥社会力量,共同协助案主顺利入学。

2. 在社会工作者的鼓励和支持下,案主奶奶及父亲最终鼓起勇气,与社会工作者订立计划,努力帮助案主入学。两次筹备,两次面试,案主奶奶与父亲从无能为力转变为积极努力,虽然过程中有过失望和沮丧,但最终还是鼓起勇气,达到目标。

3. 案主通过第二次入学面试,通过试读期,获得学籍,可以在良好的校园环境下接受系统教育,提升学习能力和自理能力。

(六)结案

1. 结案原因

服务目标已达成。

2. 结案处理方式跟进

社会工作者与案主奶奶及其父亲进行结案总结,引导他们关注案主进步与家庭的变化,强化案主的成长和家庭的收获,鼓励他们继续为改善生活状况、教育案主作出努力。结案后,社会工作者将定期了解案主在学校的状况和案主家庭状况,继续给予关心与支持。

3. 专业反思

(1)在案主初次面试失败后,社会工作者重点关注案主家庭的情绪与走出困境的态度,重新评估案主的问题与需求,调整计划,动员资源,充分体现了以人为本、人在情境中的专业态度。

(2)重视发掘案主的潜能和家庭的优势,发掘并有效运用个人、家庭及社会资源,有效解决了问题。

在以上案例中,案主是因自身残疾导致自理和就学困难的儿童,作为个案管理者的社会工作者以案主及其家庭为服务核心,运用系统理论和优势视角,系统地评估案主的需求及其需求满足所需要的资源,制订恰当的服务计划,尽最大努力多渠道动员、拓展和协调正式和非正式资源。链接了街道办、村委会、特殊学校以及亲属、志愿者和专业康复人士等相应资源,为案主及其家庭构建了资源支持网络。同时持续协助案主及其家庭恰当运用链接到的资源,增强案主家庭有效使用相应资源的能力。在整个服务过程中,个案管理者始终注重挖掘案主及其家庭改变的潜能,发掘并有效运用个人、家庭及社会的资源,对案主及所在家庭增能和使能,充分体现了坚持以人为本、人在情境中的专业态度和专业服务成效。

二、间接服务方法

原文

7.2.1 社会工作者通过整合现有的家庭、社区、学校和其他部门的资源,为儿童及其家庭提供服务。

解读

在儿童社会工作服务过程中,社会工作者一定要有资源整合意识和资源整合能力,全面评估儿童家庭、学校、社区和其他部门的资源分布并进行合理分类,力争整合家庭、社区、学校和社会组织的现有资源并掌握各种资源的地位和作用,共同为儿童社会工作服务提供有效支撑。

家庭是以婚姻、血缘、亲缘关系或法律领养关系为纽带而形成了社会生活的初级群体,家庭成员之间的关系和情感具有不可替代性。家庭是儿童社会化的原初场所,在儿童成长过程中发挥着不可替代的作用。一个儿童所在家庭的结构、关系和功能发挥如何直接影响儿童的成长。所以,社会工作者必须整合家庭的各种可用资源服务儿童。在儿童社会工作服务中,家庭资源主要有家庭成员之间的经济支持、日常照料、家庭气氛、家庭结构、情感支持、教育方式、家庭认知观念等。

社区是由集中居住在特定区域,联系比较密切,享有共同文化环境和利益,具有共同成员感和归属感的特定人群组成的社会生活共同体。任何一个儿童都居住在特定的社区中,社区对儿童成长的影响是直接和经常性的,儿童的健康成长离不开社区资源。整合社区各种可用资源为儿童服务,是儿童社会工作的重要内容和方法。社区中包含着丰富的资源,对儿童社会工作服务而言,社区资源主要包括社区人力资源、社区公共场所和各种文体设施、社区氛围、社区舆论、社区文化、社区意识、社区各类组织和团队等。

学校是教书育人的场所,是正式的组织机构,学校的主要成员是教师和学生。学校作为一个教育机构,以教育目标为主,通过一系列的规章制度,使用强制性的方式要求学生遵守共同的行为规范,去扮演特定的学生角色。学校作为重要的社会化专门职能单位,具有严密的组织性、计划性、系统性,对学生的社会化具有很强的指导作用。学校中包含着丰富的资源,学校对儿童的成长至关重要。所以,社会工作者必须整合学校的各种可用资源服务儿童。在儿童社会工作服务中,学校资源主要有人力资源(教师、同辈群体)、物质资源、组织资源、校园文化等。

社会组织是指为实现特定目标或某种特定功能,通过明确的规章制度和固定的群体结构而建立的社会群体。各类社会组织使社会成员的社会需求得到全面满足,增加了人类社会的整合程度,促进了社会秩序的形成,承担和发挥了社会控制的功能。随着儿童社会需求的多元化和日益突出,不断壮大和发展成熟的社会组织在满足儿童多样化需求方面发挥着重要作用。所以,社会工作者必须整合各类社会组织的各种可用资源服务儿童。在儿童社会工作服务中,社会组织资源主要包括人力资源、资金资源、物质资源、信息资源等。

原文

7.2.2 社会工作者通过动员、拓展的方式,为儿童争取新的正式及非正式资源。

解读

儿童成长需要系统内外的各种资源,儿童社会工作服务是在儿童生活、学习的社会系统中实行和实现的,促使环境系统给予儿童成长和发展足够的资源,为儿童提供物质性、情感性、服务性、社会性、政策性等支持,本身就是儿童社会工作服务的重要目标。

儿童成长的正式资源主要来自政府、企业、社区、社会组织、市场等,正式资源的动员和获得需要通过正式的程序;儿童成长的非正式资源主要来自非正式的社会支持网络,主要包括家庭、邻里、亲戚朋友、同辈群体、志愿者、社会爱心人士,非正式资源经个人同意即可使用。

示例

华泰社区"儿童之家四点钟学校"积极整合多方资源

2013年4月,华泰社区被晋江市妇联确定为晋江市"儿童之家四点钟学校"项目试点。华泰社区"儿童之家四点钟学校",为社区内一到六年级儿童提供学习、娱乐、卫生、社会实践、心理支持和转介等服务,丰富社区儿童的课余生活,填补双职工家庭儿童放学后近两个小时的"监管真空",积极引导儿童健康成长。晋江市启航社会工作服务中心负责华泰社区"儿童之家四点钟学校"的日常运营和具体服务,为社区儿童提供专业化的社会工作服务。

为保证华泰社区“儿童之家四点钟学校”能成为学校教育的积极延伸和有效补充，能成为“让孩子开心、让家长放心、让社区称心”的互动平台，满足社区儿童的成长需求，晋江市启航社会工作服务中心积极整合、动员多方资源。第一，通过购买服务方式，获得晋江市妇联资金支持。第二，积极争取华泰社区支持，华泰社区为“儿童之家四点钟学校”配备了课业辅导室、小组活动室、图书室、电脑室、心理咨询室等服务场所。第三，整合社区周边培训、团体、组织资源，为儿童免费开设各种教育课程、团队活动、特色课程体验、科技探索、传统文化学习等系列的服务活动。第四，组建“妈妈义工团”志愿服务队 1 支，充分发挥志愿者的作用，引导社区志愿者发挥所学所长。“妈妈义工团”招募学员家长为四点钟学校的专用医护人员，负责四点钟学校内部及户外活动的医护工作，排除学员安全隐患；其余家长主要协助社会工作者开展四点钟学校日常课业辅导、纪律管理以及活动组织，协助特色活动开展。第五，组建“白兰花妇女手工协会”志愿服务队 1 支，白兰花妇女手工志愿者定期开展手工活动，教社区儿童制作各种各样的手工品。第六，主动联系新闻媒体，《泉州晚报》《晋江经济报》、东南网、妇联网、晋江青年网、晋江新闻网等多家媒体及网站，相继报道“儿童之家四点钟学校”各类服务活动开展情况，引起社会广泛关注。

在上述案例中，服务对象是华泰社区一到六年级的儿童，服务目标是丰富儿童的课余生活，减轻父母对儿童非在校时间的照顾负担，促进儿童健康成长和全面发展。作为华泰社区四点钟学校服务的直接提供者和具体实施者，晋江市启航社会工作服务中心针对社区实际状况，系统评估达成服务目标所需要的资源，积极整合、动员多方资源，成功获得晋江市妇联、华泰社区、白兰花妇女手工志愿者协会、妈妈义工团以及华泰社区周边组织的人力、物力、财力、文化和组织等资源，从而保证了儿童社区照顾的资源支持，最终保证了儿童社区照顾的丰富性、持续性和有效性。

原文

7.2.3 **社会工作者收集和系统分析与儿童和其环境相关的信息，了解立法和制度的决策过程，反映儿童的诉求，进行政策倡导。**

解读

在儿童社会工作服务中，进行政策倡导，社会工作者要具备职业敏锐性和专业素养，能充分认识儿童政策倡导的意义和自身的责任，以儿童利益和发展为导向，以行动研究为基础，提供儿童的实际情况和真实有效数据，提出有针对性的对策建议和可能的方案，并积极主动持续关注和参与，政策倡导的目的才可能达成。

在儿童社会工作服务领域，政策倡导内容主要包括：

（1）收集儿童基本信息。儿童的基本信息主要包括儿童的年龄、性别、家庭状况、教育等人口学基本特征，全面收集和了解儿童的基本信息是制定儿童政策和开展儿童服务的基础。

（2）分析儿童群体的内部差异和不同儿童面临的主要问题。对不同儿童面临的主要社会问题进行调查研究，提出解决问题的对策建议和方案，为政府解决现实的儿童问题提供借鉴参考。

（3）全面了解并反映儿童需求。多方面调查和评估不同地区儿童、面临不同问题儿童以及具有不同特征儿童的实际需求及其特征，分析针对儿童实际需求的社会工作服务方向和目标，提出政策建议，及时反映给政府相关职能部门。充分了解儿童的实际需求及其特征，是儿童政策制定和实施的出发点和立足点。

(4)了解儿童立法和制度的决策过程。社会工作者通过担任专家顾问、表达意见、举办论坛、参加听证会、行使监督权、社会动员等方式,提出政策制定和完善的建议,了解儿童立法和制度的决策过程,推动儿童立法和制度形成。

示例

吉安市农村留守儿童关爱保护政策倡导①

吉安市农村留守儿童数量众多,截至2016年底,全市共有12.8万余名农村留守儿童。为推动吉安市农村留守儿童关爱保护工作,在为农村留守儿童直接提供社会工作服务的同时,井冈山大学政法学院社会工作师生多次展开吉安市农村留守儿童基本状况调研,评估农村留守儿童需求,反映农村留守儿童的诉求,积极进行政策倡导。

为全面掌握吉安市农村留守儿童的心理健康和行为养成问题,井冈山大学社会工作专业教师编制“农村留守儿童心理健康和行为养成调查问卷”,按照学校、年级、性别分层抽样,于2012年10月至12月对吉安市13个县(市、区)抽样的共9000名农村留守儿童进行调查。本次调查全面了解农村留守儿童年龄、性别、家庭成员、照顾人、亲子沟通、日常生活、学习等基本状况,重点了解农村留守儿童心理健康和行为养成方面现状及其存在的问题;提出培养农村留守儿童良好行为习惯和解决农村留守儿童心理健康问题的对策建议。

本次调查最终形成了23000余字的调查报告,调查报告提交吉安团市委,为有关职能部门参与农村留守儿童关爱保护工作提供数据支持和政策参考。

基于调查,提出如下建议:

---

① 本案例由江西井冈山大学社会工作专业仰和芝老师提供。

(1)完善农村留守儿童监测体系,建立县、乡、村三级农村留守儿童档案,动态掌握农村留守儿童的家庭情况、监护情况、就学情况、心理健康和行为养成情况。

(2)从场所、设施、人员配置和服务等方面加强农村留守儿童“阳光家园”建设,为农村留守儿童开展心理健康和行为养成教育。

(3)把社会工作服务纳入农村留守儿童关爱保护活动中,在农村留守儿童“阳光家园”建设中融入社会工作服务因素,在成熟的农村社区和中小学设立留守儿童社会工作服务站(室),为农村留守儿童开展社会工作服务。

(4)安排农村留守儿童关爱保护专项工作经费,纳入到市本级财政经费预算。

(5)发动社会力量,整合社会资源,动员社会各界爱心人士关爱农村留守儿童生活和学习。

建议被采纳并付诸实施情况如下(截至2017年6月):

(1)吉安市全市建立了县、乡、村三级农村留守儿童档案,中小学校建立了监测点。

(2)吉安市已建立412所集亲情热线室、图书室、娱乐室、维权服务站于一体且功能较齐全的农村留守儿童“阳光家园”。

(3)2013年以来吉安团市委、吉安市民政局联合并支持井冈山大学政法学院社会工作师生,长期在吉安市吉州区、青原区、吉安县、万安县、遂川县、永新县、井冈山市等农村社区开展农村留守儿童社会工作服务,把社会工作服务融入农村留守儿童关爱保护中;吉安团市委聘请井冈山大学资深社会工作教授担任农村留守儿童保护专家顾问,参与农村留守儿童关爱相关政策制定。

(4)2012年以来吉安团市委启动了农村留守儿童教育服务志愿者招募,目前已动员社会各界人员1.6万余名志愿担任代理家长,长期结对帮扶3.9万余名农村留守儿童，开展亲情关爱、心理与学业辅导、良好行为养成教育等志愿服务活动。

上述案例中，作为政策重要倡导者的高校，井冈山大学社会工作专业师生以敏锐的问题意识和专业素养，面对农村留守儿童关爱保护中的问题，以行动研究为基础，对吉安市的农村留守儿童状况展开调查，全面分析农村留守儿童的心理健康和行为养成问题，系统评估农村留守儿童需求，积极反映农村留守儿童的诉求，并提出对策建议，为吉安市有关职能部门制定并实施农村留守儿童关爱保护政策提供了强有力的数据支持和政策参考，取得了良好的政策倡导效果。

第六章 《指南·督导》解读

第一节 概述

随着儿童社会工作迅速发展,儿童社会工作督导的重要性也逐渐显现。儿童社会工作督导是聘任具备儿童社会工作理论和实务能力的机构内部督导或外聘资深工作者(以机构主管为主)为督导者,对从事儿童服务的新进社会工作者、一线社会工作者、实习生及志愿者,进行定期和持续的监督、指导,传授专业服务知识与技术,整合服务实践与专业知识,以增进其专业技巧和专业能力,进而促进被督导者个人成长与专业成长。

随着我国社会工作发展及国家对儿童保护的日渐重视,社会工作力量开始较多参与困境儿童、农村留守儿童、城市流动儿童服务。但由于人才培养和专业发展都处于起步阶段,从事儿童工作的实务社会工作者的能力还有待提升。

第一,社会工作专业毕业后从事社会工作者甚少,导致儿童社会工作从业者的来源、专业背景和专业能力参差不齐。

第二,一线社会工作者面临诸多困惑,包括专业认同、伦理困境、个人发展、跨专业合作等都有可能成为他们产生“耗竭”的原因,导致该领域对中高端人才缺乏吸引力,且在职工作人员流动性大。

第三,由于儿童社会工作机构较少,儿童专业服务相对单一,缺乏不同领域之间的专业力量支持和转介渠道。

基于上述原因,儿童社会工作实务领域需要加强督导工作。加强人才培养及督导既是机构服务品质的保证,也是一个机构可持续发展的关键。

督导不仅促进理论知识转化、经验的总结反思，协助社会工作者提升专业能力，从而更好胜任工作岗位；而且为社会工作者提供情感支持，协助提升自信心，以便独立解决实务和工作中遇到的问题，减少职业“耗竭”的发生。概言之，督导肩负着人才培养、专业发展、组织发展等多重责任，建立督导制度被视为行业发展、人才培养的重要环节。

督导包括行政性督导、教育性督导、支持性督导。行政性督导主要关心的是确保正确、有效而恰当地执行机构的政策程序；教育性督导，关注的是社会工作者完成任务时所需的知识和能力，协助社会工作者实现专业的成长和发展；支持性督导，是要求督导向社会工作者提供心理和情感的支持，促使社会工作者感到自我的重要性与价值感，帮助社会工作者振奋精神、树立信心，获得面对困难、战胜困难的勇气和力量。

（一）行政性督导

行政性督导注重工作环境的构建，通过提供资源使社会工作者有效开展工作，是组织管理中上传下提高工作效率的重要环节，是承载专业和组织可持续发展的重要保障。因此，专业和行政的相互配合是组织中的重要环节，行政如何配合专业服务的发展，专业又如何完成基本的行政要求，避免行政管理阻碍专业发展。

（二）教育性督导

社会工作者需要具备必要专业知识和能力储备，特别是经验较少、没有经验的实习生等需要储备相应的知识。实务中社会工作者知识储备包括价值观、目标、使命、形成共同的专业语言等，在此基础上建立儿童工作的价值观、理念、原则、方法、策略，协助社会工作者建立开展儿童工作所需的知识体系。督导要协助社会工作者储备完成工作所需知识、方法和技巧，协助社会工作者在帮助服务对象提升能力、解决困难、维护权益的实践过程中将所“知”转为所“做”的专业经验积累。教育性督导充分发挥作用，有效促进社会工作专业快速成长，将有效减少行政管理的成本，提高机构的工作效率，积累专业经验，推动行业发展。

（三）支持性督导

支持性督导主要关心社会工作者在工作中因干扰产生的压力，通过关心或协助减轻压力来提高工作士气、工作效率和工作成就感。儿童工作者往往要面对的问题：服务对象处境复杂且需求多样，对社会工作者知识储备的挑战大，职业认可度低，亲人朋友不理解，学习并转化运用，成长经验中的负面经验转化，机构行政等压力，等等。

第二节 详解

一、督导对象

原文

8.1 督导对象包括：

——新进入社会服务机构的儿童社会工作者；

——服务年限较短、经验不足的儿童社会工作者；

——在儿童社会服务机构实习的学生；

——儿童社会服务机构的志愿者。

解读

（一）新进入社会服务机构的儿童社会工作者

新进社会工作者一般是指刚进入社会工作直接服务领域中的工作人员，其中多为刚毕业的大学生，他们具备一定的实习经验，也有一部分已经具有直接服务经验。

作为新进社会工作者，一般会直接将学校的学习经验带进工作场域，而由于教学、实习的目的与真正的实务工作尚有较大差距。

新入职社会工作者有几个普遍存在的特点。第一，理论和实务脱节。刚毕业的学生,虽然有较丰富的理论知识,但实务经验缺乏。部分学生虽然有一定实践经验,但往往流于表面。比如有些社会工作专业学生去福利机构陪聊、表演,或做些复印、收发文件等琐碎工作。这样的实践与专业性脱节,无益于实务能力的提升。第二,角色转换迷茫。刚毕业的社会工作者仍习惯于将自己视为学生,缺乏主动性,习惯坐等别人指导,左右观望而无事可做。有的社会工作者遇到难题时感觉无从下手,很难运用所学来解决问题,甚至质疑自己的专业能力,失去工作动力。第三,社会工作者理念不够内化。新入职的社会工作者在面对服务对象时,经常无法接受服务对象的身体残疾、智力残障等缺陷,感到一定的畏惧和焦虑感;有的社会工作者感觉自己付出很多,但没有看到回报,从而产生失落感,甚至怀疑专业价值;有的新入职社会工作者,考虑更多的是薪水待遇问题。这些都从侧面折射出社会工作者理念不够内化。

对于新进机构的儿童工作者,机构督导应完成:

第一,入职导向。对新进社会工作者来说,熟悉环境是开展工作的第一步,因此督导的首要任务是帮助社会工作者熟悉环境,顺利地完成入职过渡期。首先向他们介绍机构的概况,包括机构职能、行政程序、人员设置、业务范围等,让他们对机构有整体性了解;其次向社会工作者交代岗位职责,明确其工作方向,介绍开展工作时可利用的内外部资源;再次就是介绍机构考核、激励机制等,让社会工作者一方面知晓工作的考核要求,另一方面看到职业晋升空间,以便更有动力做好本职工作;最后,同工帮带,提供专业经验支持。安排特定时间请有丰富经验的同工给新入职社会工作者进行工作分享,并实行"1 对 2"帮带管理,安排 1 名有经验的同工和两名新入职社会工作者共同工作 2 ~4 周的时间,之后再让新入职社会工作者从事一些团队服务,最后达到独立工作。

第二,理念培养。社会工作具有很强的价值导向,如果不认同社会工作者的价值理念,那么便无法长久待在社会工作行业里。因此,需要对新入职社会工作者进行理念教育。一是通过面谈和分享树立直观形象,从个人经验出发,向社会工作者分享自己的经历,让新进社会工作者直观感受到专业价值理念的体现;二是观看社会工作教育视频,通过案例指引社会工作者认清专业价值与实务如何相结合;三是开展职业及自我认知座谈,带领社会工作者重新审视自我,审视自我与职业的契合度,以加深职业认知,形成职业认同。

第三,实务为本。帮助新入职社会工作者提升实务能力,是督导的核心任务之一。根据笔者的督导经验,可从以下7个方面入手:1.熟悉工作流程。协助新入职社会工作者熟悉工作流程,学习填写相关记录表格及如何做好专业保密工作。2.定期开展培训。针对阶段性任务,由新入职社会工作者讲述所见所闻所想所感,督导结合工作实际和要求,对社会工作者进行有针对性的指导。3.实施督导计划。督导需对每项工作层层把关,在提供服务时,让社会工作者制订较为详细的服务计划,认真批改审阅,并跟踪服务计划的执行过程,在实践中培养社会工作者的独立思考与学习能力。4.个别案例督导。当社会工作者在开展个案、小组活动遇到难题,且依靠自身能力无法解决时,督导要及时介入,针对具体情景给予特别指导,引导社会工作者寻找突破口。5.评估服务质量。通过评估,一方面引导社工规范服务,另一方面监督服务执行情况,保障机构目标的达成。6.提供情绪支持。社会工作者在实际工作中可能会出现焦虑、困惑等情绪,督导需及时关注,给予必要的鼓励和帮助。7.言传身教,做新入职社会工作者的好朋友。社会工作是一份用生命影响生命的职业,不仅指社会工作者与服务对象之间,也包括督导与社会工作者之间。作为督导,要善于和社会工作者分享自己的经历感受及所见所闻,与新入职社会工作者一路同行,理解他们在工作中的喜怒哀乐,从而更好地助力社会工作者成长。

(二)服务年限较短、经验不足的儿童社会工作者

经过两年左右的实务训练,这类儿童社会工作者具备机构在儿童领域的基本工作框架,具备一定的实务经验和理论框架,同时开始思考自己的工作价值和意义,协助社会工作者在日常的琐碎工作去概括总结提炼,看到更大的社会结构和政策趋势。但往往会遇到很多困惑,通常2~3年是一个儿童工作者的瓶颈期,需要在梳理总结经验方面给予支持,促进其在实务过程

中运用理论知识指导其思考工作的重点和意义，并给予相应的工作自主性，促使承担一定的重任。通过更高台阶的设置，协助此类社会工作者突破瓶颈，增加对机构使命的认同和对社会工作在儿童工作中的价值理念的追求。

（三）在儿童社会服务机构实习的学生

无论是否有专业背景，是否有儿童实务经验，在实习训练中，重在为实习生搭建实务训练的基本框架，为其提供任务目标和实务指导。根据实习生的实习态度、目标、能力并结合机构的能力和平台资源，为实习生设定不同频次/强度的督导，以促使其成为一个理解儿童社会工作价值理念、基本框架并具备基本实务能力的人。同时针对有潜能的有意愿转化为社会工作者的志愿者提供培养员工的督导内容。

在专业实习中，保障足够的实习时间（450 小时以上）很重要，持续的训练和积累是完成专业实习中很重要的一环。

（四）儿童社会服务机构的志愿者

大多儿童工作机构都需要大量的志愿者参与，也因工作难度和要求的不同，会形成不同类型的志愿者，包括一次性活动志愿者、短期志愿者、专业志愿者、项目志愿者等。对志愿者的督导主要是提供任务为导向的短期督导，针对有潜能、有意愿从事社会工作的志愿者可以提供更专业的督导。

示例

从志愿者到实习生，再到社会工作者的转变过程①

在进入云南连心实习之前，小云在另一家机构做了三年志愿服务，具备基本的带活动的能力，在没有督导的情况下，社会工作知识的运用很少，只见树木不见森林。进入连心社会工作服务中心实习后，小云的督导带领其跟进一个困境儿童服务小组。小云首先是在小组活动中观察儿童组员；其次通过参与设计活动内容，小云进一步认识到这个儿童

① 本案例由云南连心社会工作服务中心提供。

群体的生活处境、家庭环境、社区环境,以及青春期儿童的特点和需求。小云通过参与实务了解小组发展周期,观察小组动力,学习和提升带领小组活动的能力。督导也引导小云开始走进困境儿童的同伴和家庭,从而更全面地了解困境儿童的生活处境和需要,进一步学习困境儿童需求评估。

在实习过程中,督导协助小云了解机构的整体工作,介绍为什么要在城中村推动社会工作服务,要在民办学校开展儿童小组,让小云逐步了解目前区域内社会工作发展的状况,并逐步引导小云思考自己所从事的儿童工作的意义。

与小云同期来的实习生还有三位,都没有实务经验。为此,连心社会工作服务中心推举小云作为实习小组长,定期召开会议、跟进服务计划,让小云及同学们逐渐了解机构服务和机构行政管理制度;同时通过实习生小组内互动,促进彼此的相互学习,促进实习生学习动力,并安排实习生一起设计六一儿童节活动,锻炼他们设计活动、组织活动、协调人力资源、分工合作、宣传、总结等能力。

实习结束后,小云留了下来,成为机构的一名社会工作者,负责困境儿童服务工作。

本案例中,志愿者小云有志于从事社会工作服务,督导因势利导,为她提供了更多实践机会,更多专业上的指导,并促进其专业反思。小云从一名志愿者转变成为机构的一名社会工作者,是督导和小云共同努力的结果。

二、督导内容

原文

8.2 **督导内容:行政性督导**

——参与服务质量评估,对有关项目进行审核,调整服务方案,优化服务结构,增强服务效果;

解读

行政性的督导,也近乎所谓的管理即社会工作机构的督导,必须要在规划、预算、组织、人力资源、协调联系与方案评估等领域,发展相关的知识和技巧,在讲究组织公信力(accountability)的时代,行政或管理功能的重要性日增,它可说是提供质量控制的功能,所有的督导有责任确保对被督导者所提供的服务是适切的,并且合乎伦理标准。①

督导应带领受督导者参与直接服务质量的评鉴工作,并根据过程评估与结果评估等工作,对相关服务项目的方案设计进行审核,根据服务效果适时调整服务方案,优化使用服务资源,改善社会工作直接服务的品质。

原文

8.2 督导内容:行政性督导

——协调社会工作者与机构和有关部门之间的关系;

解读

行政性督导是组织与工作人员的链接点,督导需清楚组织的特性、政策、制度、规章、任务与权限,并正确地传达给受督导者,协助被督导者完成机构或上级主管交办的工作任务,确保机构公信力(accountability)与工作目标达成,并注意合乎社会工作伦理规范。

行政性督导的主要职责是:负责工作的协调与沟通、机构政策与行政程序的遵守与执行、机构与服务对象以及机构与小区间的协调联系、机构行政部门与社会工作人员之间协调联系等工作内容。

儿童直接服务工作涉及方方面面,部门之间相对明确的职责和分工会让社会工作者在角色任务之间尽快找到自己的责任。在分工不清楚或工作任务超出社会工作者权责的情况下,则需要社会工作者的上级主管基于层

① 摘自黄源协的文章《社会工作管理》。

级及轻重缓急进行各部门协调,并依据社会工作者的能力状况给予协调各部门关系能力的训练和协助。

原文

8.2 督导内容:行政性督导

——及时对发现的问题和情况进行总结分析,并对机构专业服务决策与经验推广提出建议;

解读

督导应在社会工作者服务中发生问题的时候,给予直接帮助。督导还应及时对发现的各种问题进行分析与总结,督导要善于发现在解决受督导者问题中的共性因素与个别因素,要善于积累总结经验教训,并依据服务对象的需求和国家政策,把握专业发展趋势,为机构专业服务方向把脉,树立机构的专业品牌,创造条件进行品牌的推广复制。

原文

8.2 督导内容:行政性督导

——协助机构设计、规划、监督所负责服务领域的工作程序,根据实际需要与合作机构和相关部门进行沟通协调,调整服务方案,优化服务结构;

解读

督导应结合机构服务专长,结合服务对象的需求,带领受督导者协助机构设计、规划、监督各自服务内容的工作程序。在服务过程中,要提醒受督导者注意观察服务对象的需求与改善情况,根据服务对象的实际需要与其他服务机构、相关政府部门进行有效沟通与协调,适时调整服务方案,改善服务品质。

由于服务领域的不同,如残障领域,福利院、困境儿童、留守儿童、未成年儿童,制定的工作程序必然存在差异,以满足具体领域的工作需求。

工作程序制定后,应通过会议、文件等形式,让涉及的部门进一步了解,并不断强调内化成工作要求。依据机构的服务环境的变化,进行定期的修订,以保证新工作程序更有效地助力服务工作的推动,更有效地服务工作对象。

原文

8.2　督导内容:行政性督导

——对工作程序、服务质量以及职业操守进行监督、总结,提出建议并及时反馈;

解读

制定明确的工作程序/服务质量要求/职业操守规范,通过签署保密协议,建立投诉机制,将社会工作价值观与伦理规范内化为社会工作者自身的行为准则,定期检验社会工作者是否都知晓,对违规行为进行讨论,探索具体的原因。

协助受督导者在具体的案例中特别是复杂案例中能够根据伦理困境处理原则,选择适当的程序来处理伦理难题,并针对伦理困境作更深入讨论,从实践中不断总结经验。

原文

8.2　督导内容:行政性督导

——监督服务提供者的工作表现及服务效率,提供业务指导;

解读

有明确的个人年度工作目标和计划,有日常月度重点工作计划、工作总结,定期检查,并观察日常工作中的工作态度、工作完成情况,服务对象认可情况、团队协作能力、专业理论方法的使用等情况。对社会工作者的工作态度、性格特点、优势特长、家庭情况等进行综合了解，从而有针对性地为社会工作者提供有效的指导。

示例①

云南连心社会工作服务中心为儿童服务已有12年，历次调整、改进服务框架，到2013年逐渐形成自己的品牌服务，包括外展服务、学校社会工作、儿童活动中心、困境儿童家庭陪伴等工作。随着团队转型，独立注册机构，需要将服务专精化，形成可复制推广的经验，因此将外展服务项目停止，收缩学校社工，设立驻校社工，深化困境儿童家庭服务，将个案跟进开发为项目，并加大人力和资源的投入。儿童活动中心自组织经验梳理、总结，进行推广复制，变成云南乡村社工站的学习点，逐渐承担培训一线社会工作者的责任。

云南连心最初在社区接触到个别的困境儿童，逐渐越来越多的困境儿童个案从社区工作中被识别出来，单纯依靠一个社会工作者提供服务已经存在很大的困难。于是，机构督导认为要回应社区中困境儿童的需要，就应在服务规划上作出调整和改变，也要在儿童社会工作专业知识经验、人才培养、制度建设等方面下功夫。

因此，在没有任何项目的情况下，督导协助组建了社会工作小组加志愿者小组的团队，开始探索城市流动困境儿童服务。之后，逐渐形成项目逻辑框架，进一步推动项目设计、规划项目发展，进行宣传筹资等工作。在项目执行过程中，督导协助社会工作者在年度计划、月度计划、接案、需求评估、服务计划、小组活动设计等方面进行督导和支持。特别是涉及儿童安全、儿童性侵犯案例跟进过程的整体把握和持续沟通反馈，为困境儿童服务探索了综合性的服务架构。

① 本案例由云南连心社会工作服务中心提供。

原文

8.2 督导内容:支持性督导

——监督社会工作者的职业操守,给予情绪支持;

解读

社会工作机构的直接工作者,在其服务的过程中,社会工作者可能会因为案主所遭遇的困境对工作者自身造成情绪上的困扰或压力,进而产生职业倦怠。支持性督导的功能,即是对遭遇这类困扰的工作者,提供心理及人际关系支持的一种反应方式,以此提升工作者的士气,并增进其自尊、成就感,以及潜能发挥。

研究显示,支持性督导对社会工作者的工作满足有相当正面的关联。然而,也必须注意的是,在一个对工作过度要求的环境下,即使再高的支持性督导,也未必能产生正面的效应。①

在实际工作中,儿童社会工作者为了解决社会问题,经常要面对许多挑战,以及在工作的压力下,通常会面对工作的价值不能被肯定,感到灰心失望;自己觉得能力不足又缺乏成就感,这些压力需要疏解是社会工作者督导中支持性的功能。②

社会工作专业要求决定了从事社会工作要面临更大压力,而儿童社会工作涉及面广,针对儿童社会工作者的督导应可以发挥的作用有:

1. 改善社会工作者的工作士气和工作满意程度。

2. 在社会工作者工作范围内帮助其做好准备,以有效完成各项工作。

3. 帮助社会工作者觉得自己能胜任工作。

4. 个人有个别的需求及可能面临的问题:如社会工作者经常在工作一

① Raukits, ME & Koeske, GF (1994). Maintaining social worker morale: When supportive supervision is not enough. Administration in Social Work, 18(1), 39-60.

② 李增禄.社会工作概论(增订三版),台北:巨流图书公司,2002.

段时间之后会产生工作压力、无力感或失去成就感，督导者有必要协助受督导者降低其工作压力和寻求解决问题的途径，以增进社会工作者恢复职场功能，并对服务对象提供最有效之服务，如此督导者所提供的安慰、认同、鼓励与支持，亦能增进督导及受督导者彼此间的信任感。①

因此，机构必须建立健全督导机制，充分发挥督导对社会工作者的支持性角色，协助社会工作者增强专业能力、工作管理能力、时间管理能力，自我觉察、情绪调节、缓解焦虑，增强其工作价值感、自我成就感，提高工作效能，具备充足的工作动能和良好的工作效能。当社会工作者遭遇生活重大事件、服务中的无力、团队的冲突、服务中的挑战、阶段成长瓶颈、耗竭等状况时，机构应积极提供支持性督导，以协助社会工作者应对困难和挑战。

督导者应通过情绪支持，采用同理等直接服务技巧，深入了解、仔细观察、认真分析受督导者在实务过程中和督导关系中的反应、感受、观点，倾听、接纳和同理社会工作者的感受，及时反馈对其感受的理解，从而引发受督导者的自我觉察和反思。

原文

8.2　督导内容：教育性督导

——评价专业教育培训的有效性。

解读

督导围绕几个方面协助社会工作者储备相关知识和能力：

1.“服务对象群”的特殊知识

当社会工作者并不太熟悉儿童服务时，督导要协助受督导者了解与儿童发展需求相关的理论知识，包括儿童群体分类、儿童需求层次、儿童成长

① Kadushin A. What's wrong, what's right with social work supervision[J]. The Clinical Supervisor, 1992, 10(1): 3－19.

环境/社会因素、儿童利益最大化原则等内容,掌握儿童社会工作直接服务所需的理论知识和工作技巧,使社会工作者能够充分了解针对服务对象开展社会工作服务时所需的全部知识。

2.“社会服务机构”的知识

督导者应通过各种方法使受督导者了解自身机构、其他服务机构与相关各类型单位的大概认识,包括并不限于认识相关的社会服务机构的多样性,认识机构的组织和行政运作、本机构与其他机构的关系、机构政策如何建立和改变、机构与所处社区的关系等方面的知识。

督导者应促进社会工作者对机构的认同,协助受督导者善于使用各种资源,能够主动寻找与本机构服务对象相关的各种资源,促进不同服务机构的社会工作者联合回应服务对象的需求,减轻社会工作者、机构单一努力的无力感和挫败感,提升行业活力和工作的有效性。

3.有关“社会问题”的知识

协助受督导者了解与儿童有关的社会议题:留守儿童关爱、流动儿童照顾、特殊儿童教育、未成年犯罪预防和干预、流浪儿童救助、残疾儿童照顾、重大疾病救助等问题,并分析这些问题产生的原因,基于原因分析,作出这些问题对家庭幸福感、社区整合度、社会稳定以及对国家发展的影响趋势的判断,推动在国家、社会和社区对不同儿童群体需要的干预策略和相关政策的推动。建立不同组织回应不同的儿童问题的意识,推动儿童服务组织的多样化,并不断完善服务机制。

4.有关“工作过程”的知识

协助受督导者在儿童工作过程中的程序/知识/技巧,让受督导者清楚明白社会工作直接服务通用过程在不同阶段的不同任务,特别应注重在解决服务对象问题时需要的多专业合作的思路,应注重在服务提供中培养服务对象的抗逆力。

5.有关“工作者本身”的知识

督导者在督导过程中,应始终将受督导者作为重要的服务传输平台,因此，督导要特别注意受督导者在督导中的改善，以及促进受督导者能够加强文化敏感度，并能够有自我觉察与反思批判精神。

自我觉察是受督导者把自己作为研究、检查、关注的对象，以此促进社会工作者自觉地用专业自我开展工作，让其思考在助人过程中成长经验和专业理念对助人策略选择的影响，以确保工作中的自我状态不会影响到服务对象与社会工作者之间的专业协助关系。受督导者通过自我觉察训练过程，能够不断敏感觉察过程中的影响因素，从而养成习惯，并能在工作过程中敏感地觉察到服务对象的情绪、状态、感受等影响协助进程的因素，并及时调整工作进程。

示例

自我觉察，惯性思维转化①

社会工作者小何刚入职不久，对服务有非常高的热情，投入大量时间进行家访，跟进流动的困境儿童，不断发现新的困境儿童。但是，由于实际情况远比小何预想的复杂，经过一段时间后，小何的热情变成了气馁和消极。

督导通过一对一沟通，了解到小何在工作过程中非常强烈地希望用自己的专业知识帮助这些困境家庭走出来，但尝试了很多方法仍然见效甚微，于是小何开始自我攻击，认为自己怎么会没能力改变，有了想要放弃的打算。督导也了解到小何从小到大各方面都是佼佼者，在学校里的表现很优秀。

督导给予接纳和理解，让小何可以在安全信任的环境下表达和释放情绪，引导她明白自己的状态和想法，觉察自己在个案服务过程中的期待、感受、想法，减轻对自我的指责。同时，督导引导小何分析困境家庭需求的多元性和复杂性，理解这些家庭长久以来积重难返的处境。

① 本案例由云南连心社会工作服务中心提供。

督导也提醒小何选择从易于实现的需求入手，考虑介入策略的有效性及层次性。

6. 本土社会工作知识的建立

社会工作者进入一个社区/村落/学校/机构后需要充分融入当地的日常生产生活中，接触关键人物，得到当地的情感认同，充分感知本土知识经验的传承和意义。在此基础上借助日常生活的儿童教育力量，注入社会工作的元素。

第七章 《指南·服务管理》解读

第一节 概述

本章所称的“服务管理”包括服务质量管理和社会工作行政。前者涉及儿童社会工作服务质量评估、控制和改进,后者涉及儿童服务机构社会工作制度建设、儿童社会工作岗位设置和档案管理,两者都是社会工作中的重要议题。

一、服务质量管理

当前,在政府购买社会工作服务中,组织开展对效果的评估已经成为一种常态。并且,随着社会工作界日益重视社会工作服务的效果,服务质量问题成为公共管理和社会工作中的一个重要议题。从管理角度出发,服务质量包括服务的安全性、适用性、有效性和经济性等要求。

(1)安全性:服务对象相信服务提供者拥有专业的知识和规范的技能,能解决服务对象的疑难问题,他们能够依赖服务提供者;服务提供者能够遵守承诺,尽心竭力满足服务对象的最大利益。

(2)适用性:服务对象感到服务提供者以友好的态度主动关心、照顾他们,并以实际行动帮助其排忧解难;能和服务对象一起协商问题解决的方案及优先次序,并能灵活地根据实际情形和服务对象要求加以调整。

(3)有效性:服务对象确信自己的身心、社会功能获得了改善,对服务有较高的满意度。

(4)经济性:服务在投入、产出上是有效率的。

服务质量管理是通过一系列措施,来保证服务质量的活动。服务质量管理有三种重要的类型和模式①:第一种是来自专家领域,由专家组织提供专业的服务标准、职业道德准则和人员配备标准。这种模式是与福利国家的发展密切联系的,它可以帮助政府通过制定和实施质量标准,在社会服务和社会工作领域实现专业化。第二种是发端于20世纪60年代自下而上的模式,这种模式强调公民在服务领域的参与和对服务质量的监督。第三种来自商业部门,它强调在组织和管理机构中进行经常性的改革以保证服务质量。在过去的二十几年里,这类商业方法在私营服务部门得到广泛的讨论和使用,如ISO9000、全面质量管理、业务流程再造等,目标在于促使机构在不同层面上对服务质量进行不断改善,以期满足或超过顾客的期望和需求。长期以来,在服务领域占统治地位的质量管理方式是上述第三和第一种方式,即商业方式和专业模式,但这两种模式都存在着一些缺点,如烦琐的标准阻碍服务创新和改革,从服务的提供者和购买者的角度出发订立质量的标准,而不是从使用者的角度看待服务质量,忽视服务使用者的意见。很多批评者已经提出商业模式和专家模式在社会服务领域内评估服务质量的不足,呼吁服务使用者在质量发展中的参与。为了保证服务达到预期的标准,同时也符合服务对象的需要,首先,专业社会工作者应吸纳服务对象参与,一起制定服务标准;其次,在服务实践过程中,与服务对象一起制定服务目标和方案,并能灵活地根据阶段性评估结果和儿童及其照料人的需要及时进行服务计划调整;最后,第三方专业人士、服务使用者要定期对服务进行独立性的监督和评估。

儿童社会工作依存于儿童福利、儿童保护制度。儿童社会工作者是儿童福利服务的核心人力资源,也是儿童福利服务品质的重要保障。在儿童社会工作领域,因社会工作者自身、服务对象、社会环境和政策差异等多种因素,社会工作者的实践是个别化、情景化的。儿童社会工作服务领域较为广泛,包括以普通儿童为对象的发展性儿童社会工作,以监护缺失、家庭贫

---

① 丁华、徐永德:《养老机构服务质量管理》,《中国老年学杂志》2014年第1期。

困、自身残疾或大病等困境儿童为对象的福利性儿童社会工作,以受到虐待、忽视、暴力和剥削等伤害的儿童为对象的儿童保护社会工作。在具体实践中,不同对象儿童的处境和需求影响儿童社会工作实务模式的选择、服务内容的确定、服务技巧的使用。社会工作者的干预手法也常常会影响服务效果和服务质量,甚至还可能给儿童及其家庭带来负面后果。因此,在儿童社会工作服务中引入质量管理是十分必要的。

二、社会工作行政

社会工作行政是现代社会工作的专业方法之一,与个案工作、小组工作和社区工作等直接社会工作方法不同,社会工作行政是一种间接的社会工作方法,它通过行政程序来实现社会服务的目标,而非直接向服务对象提供服务。现代社会由于国家与政府在社会福利中的作用越来越大,社会工作行政在社会工作中的地位也越来越重要。

社会工作行政是调整福利服务机构内部不同构成要素之间的关系,使之达到有序化、统一化、整体化的过程,包括围绕微观具体服务而展开的计划、组织、协调、监督、评估等活动。尽管社会工作行政的对象是组织或机构,但最终目标仍是最大限度满足儿童或家庭的需求,而不是满足机构自身的利益。通过福利机构内各种规章制度(包括正式的和非正式的)的建设和对工作人员的配备、规制,从而使机构内部的活动互相配合、步调一致。

社会工作行政的内容包括组织、计划、领导、评估、人事、财务、督导等,在增进社会福利方面发挥着重要功能,主要表现为以下三个方面。

1. 把社会政策转化为社会服务行动。社会政策是国家机关根据社会进步的要求,为解决社会问题,增进民众福利而制定的一系列原则和措施。社会工作行政在将社会政策转化为具体的福利活动的过程中,发挥着重要的规划和实施功能,其中包括解释社会政策、策划社会政策落实的具体方案,推动方案的实施,提供优质服务。例如,对受助者的咨询、辅导及人力和财力的支持,确定政策落实的评估标准,并对服务的效果进行持续的评估等。

2. 合理利用和配置资源,提高社会服务的功效。社会工作行政不是直接的社会服务，但对这些社会服务发挥着统筹、组织、协调和监控等功能。例如，配置各种社会资源，构建良好的社会环境，督促社会服务的进程等。因此，社会工作行政开展的优劣直接影响着社会服务的开展和效果。

3. 总结经验，制定和修改社会政策。由于政策制定者对实际情况的了解不够，或实际情况发生变化，或政府本身在执行过程中难以贯彻落实，使社会政策和实际情况产生偏离。而社会工作行政人员在执行社会政策，开展社会服务的过程中，对实际情况有深入了解，也能认识社会政策执行中的各种问题。所以，他们可以通过总结经验，向上层决策者提供意见，以有助于修订和完善社会政策，使之更具有现实合理性。

第二节　详解

一、服务质量管理

原文

9.1.1　社会工作者应以儿童为中心，与儿童及其监护人或主要照料人共同制定服务目标与计划：

解读

本条内容强调在制定服务目标与计划过程中儿童及其监护人或主要照料人要参与，这也是社会工作者应该履行的一项义务。首先，儿童社会工作的对象尽管大多属于身处逆境中的儿童，但是经验研究表明，他们不只是逆境或服务的被动接受者，他们有自己的抗逆力和能动性，能够在应对困难、改善自身发展环境过程中发挥建设性作用。其次，儿童社会工作倡导优势视角，重视服务对象的尊严和价值，乐意挖掘服务对象的潜能和优势资源，将服务对象视为合作伙伴一起解决问题。再次，在制定目标和计划上吸纳儿童及其监护人或主要照料人参与,是以平等态度对待服务对象,尊重他们的意愿和选择,有助于激发他们改变动机和后续工作过程中的参与、配合,使服务能顺利开展。最后,强调儿童的参与权也是联合国《儿童权利公约》中倡导的四项儿童权利之一。

原文

——应了解儿童及其监护人或主要照料人的需要,并向服务对象进行工作说明;

解读

本条文强调在开展服务之初要重视评估儿童及其家庭的需求,分析其困难,并与儿童及家庭进行充分的沟通、说明。于此,社会工作者、儿童及家庭才能就目前所面临的问题与挑战达成共识,才能一起协商服务的目标和方案。在了解问题和需求时,社会工作者对服务对象表达同理心是非常重要的。一方面社会工作者应运用倾听技巧全神贯注于服务对象的表达,另一方面还要鼓励他们表达。要注意服务对象使用的字眼、言语谈话中表达的情感与感受、身体语言传达的信息,达到听懂服务对象表达的真实内涵和意义的目的。

界定问题是社会工作者与服务对象不断沟通信息的一个过程,是一个持续的过程。面谈初期服务对象与社会工作者对问题的看法可能并不一致,需要双方经过一系列的讨论、磋商来形成对问题的共同看法。问题清楚了,才能形成具体的工作目标和计划,这些是社会工作的重要起点和开始。

原文

——应与儿童及其监护人或主要照料人统一服务期望,共同制定服务的具体目标和实施步骤;

解读

从服务对象评价的角度来看,服务质量是一个主观的范畴,取决于服务对象对服务质量的预期(即期望的服务质量)同其实际体验到的服务质量水平的对比。如果服务对象所体验到的服务质量水平高于或等于预期的服务质量水平,则服务对象会获得较高的满意度,从而认为服务提供者具有较高的服务水平。反之,则会认为服务提供者的服务质量水平较低。

本条文强调社会工作者对儿童及其监护人或主要照料人的服务预期管理,应帮助服务对象建立对于社会工作干预的合理预期目标。社会工作者应与服务对象制定具体的、可实现的目标与计划,切不可"神化"社会工作干预的功能、过度拔高服务对象的预期,否则会导致服务对象的误解和挫折感。

具体目标是为实现最终结果而做工作的过程和中间阶段要获得的具体的、近期的、阶段性的成果。制定目标的意义在于激发服务对象和社会工作者投入行动,朝向共同的方向以获得改变和成长。计划是一个理性思考以及做决定的过程,包括制定目标及选择为了达到目标而采取的行动。所以,计划是为下一步的行动介入服务的,也是介入行动的蓝图。计划是基于对服务对象问题的理解,是通过预估阶段的探索获得的。计划不是只着眼于某个因素,而是将所有收集到的有关资料综合起来,包括儿童自身系统以及儿童的家庭结构、经济状况、教育背景、就业资料及社区环境,也包括服务对象系统的求助过程及对服务对象问题的界定、解释问题的理论架构等,构成对服务对象系统情境的完整认识,只有这样的计划才能具有帮助服务对象改变的功能。

因为不同的文化背景、社会环境、价值观或对儿童"成长道路"的不同认识,因此,在设计服务目标和计划时,应清醒认识到,儿童发展与成长的道路并不存在"唯一"或"最正确"的结果。既要关注特定的文化背景、社会环境、价值观下的需要,也要针对不同类型或群体的儿童进行深入了解。所以,社会工作者在制定目标时,应注意以下几点。

1. 目标陈述要明白易懂,重在促进服务对象的成长。将服务对象要做的有益改变和成长作为目标的界定重点,强调服务对象的成长目标以及具体的指标。

2. 具体可评估:以服务对象(儿童或家庭)期望达到的行为作为介入目标,这样目标就很具体,又可以与改变前进行对比。

3. 具有操作性和现实性:介入目标应该是可行的,这需要考虑服务对象的动机和能力、能够投入的精力和时间、社会工作者的专长等因素。此外,计划的目标还要是服务对象容易理解的、有能力达到的,有资源支持目标的实现。

4. 有时限:应说明实现目标的时间,给出或者制定出达到目标的时间表,作为考核指标。

5. 符合机构目标和社会工作伦理:儿童社会工作服务机构包括社区社会工作服务机构、儿童福利机构、未成年人保护中心等,目标应与机构功能保持一致,与社会工作者的能力相符,并符合法律和社会工作伦理。此外,目标还应限定在社会工作者具备的专业知识和技巧范围内,以避免对服务对象造成伤害。例如,在服务遭受性侵害的服务对象时,要求社会工作者具有深度的专门知识和技巧,如果社会工作者没有受过这方面的专业训练,就不能贸然提供服务,而应及时转介给其他有能力的社会工作者,保证服务对象的利益不受伤害。

原文

——应建立符合目标实现要求的服务过程记录;

解读

个案工作的整个过程必须进行记录。个案记录被视为助人专业的重要技巧,在助人过程中扮演重要角色。个案记录是指社会工作者对日常服务的个案的会谈、服务过程以及有关联络事项,以文字方式记录并将之保存于特定资料中。

个案工作记录有许多功能，如提供服务的证明，作为社会工作服务的资料、持续服务的工作依据、服务品质的掌握、评估服务绩效的参考，作为转介或个案研讨会的参考、督导员的查阅、法律行动中机构自卫工具、治疗工具、教学工具、评价与社会研究、评估机构服务功能及制定政策的参考等。

原文

——应根据阶段性评估结果和儿童及其监护人或主要照料人的需要，及时进行服务计划调整。

解读

针对服务计划的过程评估，强调确认方案执行过程中的优势和劣势，并适时提出改进的建议。它关注服务方案实施中服务对象对服务的利用以及服务机构的服务送达系统的情况。通过这个过程的研究，可以发现服务计划是否能满足服务对象的需求、是否能有效传递服务、服务过程中存在的问题及服务方案应该如何修订等方面的问题，以便于根据阶段性评估结果和儿童及其监护人或主要照料人的需要，及时进行服务计划调整。

原文

9.1.2 （儿童服务机构）应制定由社会工作者参与的服务质量规范，并确保其公开透明、具体可行：

——应确定服务质量目标。在服务场所、服务设施、服务用品、服务人员、服务等级、服务内容、服务程序和服务方法等方面制定具体质量目标；

解读

本条文提出在服务机构内建立服务质量规范，以此作为标准来检查服务效果，而且该规范的制定应有社会工作者的参与；同时，服务质量标准应是具体的、可执行的，并公之于众，使相关人士都能知晓。服务质量规范至少应包括以下内容：(1)机构提供服务的资源和能力，如服务环境、人力资源配备、组织结构等。(2)工作人员在服务提供过程中的职责要求，服务提供的方式和过程，如服务的步骤、方法和技巧、服务的灵活性等。(3)对服务效果的要求，如服务使用者身心、社会功能的改变，服务使用者的满意度等。

社会工作者应积极参与到儿童服务机构服务质量规范的制定工作中，明确社会工作者在儿童服务团队中的角色，以及儿童社会工作的服务原则、服务类型、实务流程和服务方法，并提出保障服务的基本条件。

示例

宁夏儿童福利院社会工作服务规范流程①

宁夏儿童福利院的服务对象主要是无监护人的孤儿、弃婴以及家庭监护缺失的困境儿童，目标是为这些失依儿童提供机构养育、家庭寄养、家庭收养等安置服务，最终目标是促进失依儿童拥有家庭生活、回归社会。因此，该院围绕儿童的安置需求来制定社会工作实务流程框架，建立了社会工作服务规范、效果评估规范和督导工作规范。

首先是规范服务过程，完善服务体系。根据收养安置儿童的生理、心理及社会属性特点，宁夏儿童福利院社会工作实务流程包括：入院登记(接案)、安置需求评估、制订安置服务计划、落实安置服务计划、跟进服务、结案六个流程，可将整个服务流程划分为“入院登记＋安置评估＋安置计划”“家庭安置落实＋跟踪＋结案评估＋结案”以及“机构安置＋跟踪＋结案评估＋结案”三个板块，并进行相应的人员安排、工作要求、职责确定，每名专职社会工作者对应固定的儿童，提供全程服务。为了确保社工服务过程的可操作性和时效性，宁夏儿童福利院在

① 本案例由宁夏儿童福利院提供。

社会工作者参与下制定与机构内服务对象相适应的《社会工作实务流程》《家庭收养工作规范》《家庭寄养服务规范》等服务质量规范。同时，宁夏儿童福利院还为儿童提供日常生活照料、医疗护理、康复治疗、特殊教育等方面的专业服务，社会工作者也要了解相关专业服务领域的服务规范，以利于社会工作服务的介入和跟进服务。

其次是规范需求评估，完善评估体系。宁夏儿童福利院收养安置的儿童大部分为残疾儿童，主要特点一是家庭监护照料缺失；二是有不同程度的躯体疾病和残疾；三是存在明显的心理行为问题。儿童的安置需求评估在社会工作服务过程中是一个十分重要的环节。为确保服务质量和服务效果，实现服务目标，宁夏儿童福利院建立由专职社会工作者牵头，医师、护师、康复治疗师、教师等跨专业人员组成的评估小组，介入儿童入院需求评估、安置需求评估和结案评估全过程，明确规范各阶段评估工作的时间节点、方法和内容，以确保评估工作的专业性、准确性和针对性。

最后是规范督导服务，完善督导体系。宁夏儿童福利院聘请了专业督导，建立督导机制，明确督导的目标、内容和方式，定期召开督导工作会议，在实务过程、实务技巧、能力提升、制度建设、团队融合等方面为社工团队提供及时、有效的督导支持。

原文

——应将标准化服务质量控制与个性化服务质量目标相结合，对有特定要求的儿童及其监护人或主要照料人、服务项目或过程，需编制特定服务质量计划或特定管理程序。

解读

针对特定要求的儿童及其监护人或主要照料人、服务项目或过程，编制个性化的服务质量计划应做到以下四点。

1. 细化服务需求和期望。服务对象的期望可能非常笼统,如希望提升社区儿童权利意识,希望家庭监护缺失儿童得到妥善安置照料,希望儿童暴力情况得到改善等,需要社会工作者要准确评估不同问题儿童的需求,在充分把握和分析服务对象信息的基础上,对其进一步细化。

2. 定义成效验收的标准。在成效或目标描述中进一步定义,以明确服务成效可达成的标准。例如,在进行社区儿童权利宣传时,是以宣传次数、传单发放率为目标,还是以抽样问卷测评的前后测评结果为评判标准,这应该是在服务实施之前而非开展之后来确定的。

3. 制定质量管理策略。编写明确的服务质量描述,包括对标准的描述、容许偏差、工作方法和明确的职责权限。主要是在一些综合性的儿童保护项目中(如儿童福利机构困境儿童安置社会工作服务),可能涉及跨专业、跨机构的合作,需要更加明确质量管理要求。

4. 建立质量登记单。有时需要对判定服务成效的主要因素进行登记,实时监控或定期监督。

原文

9.1.3 应建立儿童社会工作服务质量评估机制,定期对服务数量、服务成效进行评估;

解读

本条要求儿童服务机构建立儿童社会工作服务质量评估机制,对工作过程和服务成效进行定期评估。在服务质量评估中,应注重儿童、儿童照顾者参与服务质量评价。主管部门、第三方的评估也是重要的评估方式之一。

原文

——儿童及其监护人或主要照料人对服务质量进行评价;

解读

服务质量评估是指检验服务是否达到预期效果,对服务提供的完整性和关键要素有效性进行识别。这是一个持续的过程,评估的精确性会受到多种因素的影响。有效的评估有赖于儿童及其家庭监护人或主要照料人的参与。实践中,很多评估会测量服务对象满意度,但是满意度的测量不能替代成效评估。以常用的满意度评估为例,往往易出现高于实际的满意度评价。其影响因素可能在于:满意度高的服务对象完成问卷较好,对服务不满意者参与度更低或已提前退出;有其他干预类服务同时进行;或者服务对象已经投入了大量时间和精力予以配合,不愿意否定自己的付出,等等。所以,满意度评估只是确定服务质量的一部分,从中获取的信息反馈可以评价服务对象的看法,但不能完全证明项目是有效的。

原文

——对工作记录情况予以考核;

解读

社会工作服务机构定期开展有关社会工作者对服务对象跟踪记录的考核,并将实务创新及专业探索作为社会工作者考核加分项,以鼓励社会工作者进行开创性探索。服务指标考核主要依据社会工作者的工作记录情况、工作完成程度、工作进度进行检查,并对发现的问题及时修正,以保证服务指标最终落实。

原文

——主管部门或第三方开展定性或定量评估(包括数据对比、资料归纳、问卷调查和访谈等形式);

解读

从实务而言，社会工作服务活动是以服务对象的需求为导向，但由于儿童社会工作服务的对象及需求具有多元化和复杂性，无论是设计和实施一个项目还是一个个案服务，社会工作者要较全面、系统地了解和把握服务对象及其需求，就必须在服务实施前开展有效的服务需求调研和评估工作。服务计划的制订和实施也必须建立在科学、有效的需求调研和评估工作的基础之上。这是做好社会工作服务的前提性要求，否则服务计划和介入都将可能偏离真正的服务需求，服务工作也将很难取得较好的成效。开展有效的需求调研和评估工作，可以使社会工作服务的介入依据更加充分，并增强社会工作服务决策实施的科学性和专业性。

服务对象需求日益多元化，社会工作者也会面临很多矛盾，比如中与西、新与旧、男与女、农村与城市等碰撞。因此，要想化解此类冲突，保障儿童社会工作服务质量和共享优化成果，就必须建立起行之有效的儿童社会工作服务评估机制。从儿童社会工作实务的角度看，科学的儿童社会工作服务质量评估机制的建立和健全，除了第三方评估，也离不开定性评估和定量评估。所谓“第三方”，即两个相互联系的主体之外的某个客体，即为避免主体间相互摩擦，将评估事项交由第三方机构来评估。

原文

——对工作成效进行定期自评与阶段性考核；

解读

社会工作致力于解决社会问题，在不同发展时期的不同阶段甚至在同一阶段的不同方面，突出或潜在的社会问题都是多样的、复杂的，那如何在众多的社会问题中发挥社会工作专业性？运用社会工作相关专业知识与技巧来为社会问题的改善或解决寻找方法与策略。只有社会工作者不断进行自我专业反思，督导阶段性地对社会工作者进行专业评估，从实践中获得总结，开拓思维，勇于创新，才能真正促进服务对象自我以及社会工作行业的全面发展，达到社会工作者“助人自助”的最终目标。

原文

——定期进行专业督导。

解读

社会工作督导是专业训练的一种方法，也是保障服务质量的一种方式。督导活动可以通过小组形式进行，也可以一对一督导。

原文

9.1.4 **应对服务质量评估信息进行反馈，以持续改进儿童社会工作服务质量；**

——应提出保持并持续改进服务质量的建议；

——应对收到的反馈予以回应；

——应根据服务质量评估信息修正工作措施，完善服务制度，改进服务质量。

解读

评估者完成评估，撰写评估报告后，应就初步评估结果与被评估方进行沟通，征询被评估方意见。评估报告应提出改进服务质量的建议，被评估者应根据评估报告调整工作措施，改善服务质量。

二、社会工作行政

原文

9.2.1 **制度建设**

9.2.1.1 **儿童服务机构应制定相应的社会工作服务规章制度并根据需要进行修订。**

解读

本条要求儿童服务机构应根据机构的工作范围、工作性质、工作特点制定相应的社会工作服务制度，规范社会工作的服务内容、服务方式、服务流程等，使儿童社会工作真正做到制度化、常规化、专业化及职业化。制度建设的意义与作用如下。

1. 保证工作的可预见性和可靠性。规章制度形成的工作框架，提供了基本的服务要求，对不同场合的工作行为进行限定，可避免因偏见和失误引起的服务差异性。社会工作者之间，可能对服务目标理解不同，自身文化社会背景也存在较大差异，而制度可以明确服务中的关键因素，避免错漏偏差。同时，规范的制度建设，也为服务合作与转介提供了保障。例如，面临一名因性侵而产子的未成年女子，社会工作者可能需要在其家庭、学校和社区同时开展工作，关注到生理、心理、司法多个方面，需要考虑选择替代照顾、委托监护或转移监护权等不同途径。此时，在不同领域开展工作的社会工作者可以通过规范的工作制度了解合作者的工作条件、程序和成效，选择链接正确的资源，保证工作的可靠性。

2. 保证工作效率。作用之一是简单授权。以制度形式授权、分配资源，便于社会工作者在允许范围内自主开展活动。例如，一个弱项目化管理的社会工作机构，可能需要每一个新项目开始之前重新建立项目办公室，重新申请授权，而一个强项目化的社会工作机构，则可能设立了专门的项目管理办公室，有自己固定的工作资源。作用之二是搭建工作框架。针对组织需要搭建通用工作框架，可以将精力放在新出现的问题上，不需要为每一项服务或案例中的每一件事重新讨论和申请授权；对于出现的不同情况，有提前拟定的应对方式。作用之三是便于协调工作。制度建设明确了管理模式、参与者的层次、角色定位、职责责任，在社会工作者面临服务对象需求、社区或资助方要求、专业要求的冲突时能知道行为界限。

3. 提供判断工作成效的参考依据。一方面，以统一的通用工作程序保证服务对象得到平等对待，使社会工作者不能以个人喜好来提供服务。例如，在增进儿童参与能力建设的项目中，只要儿童符合规定程序就可以安全地表达意见，而不因民族、宗教、性别、学习成绩等原因不被批准。另一方面，制度可以用来描述期望得到的结果，在执行中可以发现哪些行为是当做未做，哪些行为是违反禁令的，这也是工作成效评估的一个客观佐证。

4. 保护服务提供者和机构本身。如果服务提供者遵守了规章制度，那么即使因创新出现了错误偏差，也应有得到辩解、原谅的机会。在对外承接的项目服务中，正确认识并遵守规章制度，能有效预防和避免与各方制度解释不一致而产生的摩擦。对于高出制度要求的额外服务评估要求，组织或机构也有义务为社会工作者提出异议，保护他们不受任意性决策的伤害。

制度构建可分为战略层次、管理层次和具体事务层次，不管哪个层次都应该反映社会工作行政的基本原则和主要项目。战略层次，主要是组织使命和宏观目标；管理层次则包括了人力、财务、资源、对外协调与宣传等内容；而在具体事务层次，则需根据具体事务设立通用制度和具体工作制度。

制度构建的要素包括：明确定义使命，共同参与和明确授权，兼顾效率、公平与成效，合理的激励，体现公共服务利益、社会工作价值观与机构利益的一致性，内外工作制度统一协调。

制度构建的过程，也是对实践服务进行深入透彻的专业分析、优化社会工作服务程序的过程，首先需要社会工作者的积极参与，正确理解与分析需要制定规章制度的事项；其次，要对规章制度进行定期审核，修正不合理和落后的部分，善于接受实际工作者的建议；此外，应运用专业管理人员和方法开展管理。

制度构建事实上提供了工作所需的最简明原则。形成的制度体系或工具表格，将极有利于社会工作实践，但仍然不可能取代训练有素的专业人员提供服务。因此，制度建设过程中应避免管理主义和官僚主义倾向。在强调社会工作行政和制度建设时，不可避免要缩小社会工作者的专业自主权，而扩大行政人员的主导权。这可能导致“社工”变“写工”，将精力集中于材料制作中，提供满足制度要求的策划、评估、督导和报告书，进而脱离专业实践。制度本身是手段而非目的，但实际工作中容易“唯制度”论，使工作趋于例行公事。尤其是在购买公共服务项目中，如果只考虑规章制度“不出错”和片面追求覆盖率，不鼓励社会工作者的创新，不满足个别特殊服务对象的需求，则将有损社会工作的特性。

任何规章制度、标准和程序，都会对社会工作者的自主性构成限制。社会工作人员应对规章制度的性质和目的有清楚的认识，从而灵活、恰当地应用制度。管理者和服务者不应对制度进行随意解释，使得制度执行混乱。同时，也应认识到过于繁杂严苛的制度，如果得不到有力的服务保障，则事实上是不可执行的，不仅浪费服务成本，也有损制度的权威性。

示例

儿童福利机构社会工作服务规章制度①

民政部门设立的儿童福利机构主要工作任务是为有需求的各类困境儿童提供机构养育、家庭寄养、家庭收养等形式的安置服务。儿童福利机构社会工作是专门针对失依儿童，促进其安置和生活状况得到改善的专业服务，包含从儿童进入机构到安置评估，再到安置服务计划制订以及落实服务计划，直至儿童得到最妥善的安置。为了使儿童福利机构社会工作科学规范开展，保证工作质量，儿童福利机构应根据特定的工作范围、工作性质、工作特点制定相应的社会工作服务规章制度，主要包括：

1. 社会工作部工作制度；
2. 儿童入院（接案）登记工作制度；
3. 安置评估工作制度；
4. 安置服务工作制度；

① 本案例由宁夏儿童福利院提供。

5. 联席会议工作制度；
6. 跟踪随访工作制度；
7. 结案工作制度；
8. 收养、寄养家庭招募制度；
9. 收养、寄养家庭评估制度；
10. 收养、寄养家庭培训制度；
11. 社会工作督导制度；
12. 档案管理制度；
13. 捐赠管理制度；
14. 志愿者服务与管理制度等，以及相应的岗位职责。

原文

9.2.1.2　儿童服务机构研究与制订儿童服务规划、计划和方案时应有社会工作者参加。

解读

儿童服务机构所做的科学研究，制订儿童个案的服务计划、服务方案应该都有社会工作者的亲自参加，这样有利于研究进程的推进、个案的顺利开展，最终能够提升服务品质。

原文

9.2.2　岗位设置

儿童服务机构应设置儿童社会工作专职或兼职岗位，岗位设置应符合 GB/T 28224－2011 和 MZ 010－2013 的具体规定。

解读

在我国,社会工作的专业化、职业化建设已经引起了党和政府的充分重视。2016 年 10 月,民政部下发《关于加强社会工作专业岗位开发与人才激励保障的意见》(民发〔2016〕186 号)明确指出:“各地在推进社会工作专业岗位开发与人才激励保障工作中,要坚持按需设岗、以岗定薪。按照国家有关规定,根据现实发展需要,积极开发社会工作专业岗位,将符合条件的社会工作专业人才配置到相应社会工作专业岗位,落实相应的薪酬待遇。要坚持分类指导、有序推进。根据群团基层组织、城乡社区以及相关事业单位、社会组织的性质与特点,适应不同领域专业社会工作发展的实际需要开发社会工作专业岗位,完善社会工作专业人才薪酬待遇与激励保障措施。要坚持保障基层、稳定一线。充分发挥专业岗位的承载作用、薪酬待遇与激励保障政策的导向作用,切实解决广大社会工作专业人才的后顾之忧,积极引导、重点保障社会工作专业人才到基层一线和艰苦地区开展专业服务活动。”

同时,《关于加强社会工作专业岗位开发与人才激励保障的意见》明确社会工作专业人才配备要求。老年人福利机构、残疾人福利和服务机构、儿童福利机构、收养服务机构、妇女儿童援助机构、困难职工帮扶机构、职工权益维护机构、婚姻家庭服务机构、青少年服务机构、社会救助服务机构、救助管理机构、未成年人保护机构、优抚安置服务保障机构等以社会工作服务为主的事业单位,可根据工作需要将社会工作专业岗位明确为主体专业技术岗位。

各类儿童服务机构是儿童社会工作服务的主要载体,应将社会工作专业岗位设置为主体专业技术岗位,配备儿童社会工作专职或兼职人员。特别是流浪未成年人救助保护机构、儿童福利机构承担着各类困境儿童的救助、保护和安置服务工作,社会工作岗位设置应符合 GB/T 28224－2011 和 MZ 010－2013 的具体规定。

GB/T 28224－2011 是流浪未成年人救助保护机构服务基本规范。在流浪未成年人救助保护机构服务基本规范中，人员配备中应包括专业社会工作人员，工作人员任职和职位调整应符合相应的岗位资质要求，暂时不具备相应资质的，应经培训并考核合格后任职，职业资质要求社会工作者等专业技术人员应取得相应职业资格证书。

MZ 010－2013 是儿童福利机构基本规范。在儿童福利机构基本规范中，其人力资源配置上要求城镇地区和有条件的农村地区，儿童福利机构至少应具备一名大专学历以上、社会工作类专业毕业的专、兼职社会工作人员；主要领导应接受社会工作类专业知识培训，各专业工作人员应具有相关部门颁发的职业资格证书或国家承认的相关专业大专以上学历。

示例①

儿童福利机构社会工作岗位设置

儿童福利机构是儿童社会工作服务的主要载体，必须将社会工作专业岗位设置明确为主体专业技术岗位，全面推进以社会工作为主导的儿童安置服务模式。

一是要注重全员社工化理念引入，倡导全员社会工作知识和方法的普及，注重将社会工作的专业服务理念引入到孤残儿童生活照料、医疗护理、康复教育及家庭寄养服务中，加强服务过程中专业关系的建立，使宏观的儿童福利工作落实到既满足孤残儿童成长中生理层面的需求，更注重满足他们心理、社会层面的需求。在全体工作人员中普及社会工作价值理念、理论知识、专业方法、服务技巧等知识，鼓励全体业务人员积极参加全国社会工作职业资格考试。

二是应将社会工作专业岗位设置为儿童福利机构主体专业技术岗位，纳入本单位专业技术系列，配备儿童社会工作专职或兼职人员。制定出台《儿童福利机构社会工作专业岗位设置方案》和《儿童福利机构

① 本案例由宁夏儿童福利院提供。

专业社工聘任办法》,明确规定在机构内直接从事儿童养护、教育、家庭寄养服务的工作人员,凡取得社会工作者职业水平证书均可聘任相应的专业技术职务,享受对应的工资待遇。

三是要设立专门的社会工作机构、明确工作职责,注重专业岗位开发与人才激励,确保建立科学合理的专业构架。强化社工部门专职社会工作者的定岗、定员、定责,将机构内业务工作中涉及儿童入院、需求评估、安置服务、跟进服务、结案服务等领域的工作统一整合到社工部,按照专职社会工作者与服务对象1:40的比例进行社会工作部专业岗位设置,明确社工部专职社会工作者的岗位数量、聘任条件,通过竞争、考核、筛选确定一定数量的专职社会工作者。

四是根据儿童社会工作"个案管理"服务的要求,制定社工部的相关工作职责及工作制度。

科学合理的社会工作专业岗位设置,确保儿童福利机构以社会工作者为主导、以儿童安置为目标的社会工作专业实务模式顺利推进。

原文

9.2.3　档案管理

应加强儿童社会工作服务档案的管理,主要工作包括:

——建立基本服务档案,包括儿童的基本信息、服务提供者、服务场所、服务过程的记录及服务成效等;

——建立服务质量监控记录档案,包括考核情况、服务质量目标完成情况和服务计划调整情况等;

——根据儿童实际情况进行分类、分级管理档案,做好儿童信息的保密工作。

解读

本条要求儿童服务机构和社会工作者在服务过程中建立基本服务档案，留存服务资料。对于儿童个案，应建立“一人一档”，包括服务对象的资料档案和服务过程记录，具体内容涵盖：

1. 儿童的基本信息：性别、年龄、属于哪一种类型的困境儿童、教育程度、家庭成员基本信息等。

2. 服务提供者：谁在提供服务，有什么样的职业资格，受教育背景如何、特点如何，他们与服务对象之间的关系怎样。

3. 服务提供的场所：服务活动在哪里进行、运用哪些设备，是否需要为服务对象安排交通服务，在服务提供地是否便于儿童照料。

4. 服务过程的记录：基本资料、问题描述、工作目标与计划、服务过程、跟进追踪情况、社会工作者的感受等。

5. 服务成效：评估者或研究者对服务进行过程评估和结果评估等。

本条第二款要求建立服务质量监控记录档案，此档案包括对于社会工作者的考核（阶段考核和最终考核）、服务完成的进度和程度，以及根据阶段性评估了解服务对象的改变进展，有助于社会工作者适时修正介入方案，改善工作技巧。

儿童社会工作者应尊重儿童在个人资料方面保密的权利，在利用个案数据时，应采取必要及负责任的措施，删除一切可以识别个案中人员身份的信息，并应尽可能取得儿童的同意并告知其可能带来的后果；在面对大众传媒时，社会工作者应保护儿童的隐私权；在法律程序中，社会工作者应在法律容许的范围内，保护儿童的机密数据。

第八章 《指南·人员要求》解读

第一节 概述

《指南》有关“人员要求”这一部分内容中，对儿童社会工作者、督导者提出了资格要求、伦理要求和继续教育要求。这些规范性要求的目的是为了提升、维持从业者的专业水平，以确保儿童社会工作的服务质量。

相对地，儿童是一个脆弱、易受侵害的群体，他们缺乏足够的应变能力，也难以表达自己的权利，因而在成长的过程中，或在遇到社会问题的冲击时，容易遭受挫折，这是一种生理、心理、社会综合作用而产生的现象。无论是发达国家还是发展中国家，都是如此。儿童是社会的未来，关注儿童的特点和需要，对儿童进行更好的保护，为他们的身心发展提供更好的环境，反映了社会的发展与进步。儿童社会工作的对象是儿童，但它的意义却在于社会，具有顺利实现世代更替、促进社会发展的重要功能，因此从事儿童社会工作人员的资格、素质和水平就显得尤为重要。

近年来，随着社会工作事业在全国各地的迅速发展，一些非社会工作专业背景的人员通过全国社会工作者职业水平考试也进入到社会工作实务行列，成为职业的社会工作者。我国目前的专业教育和职业水平考试是按社会工作“通才模式”实施的，这意味着从事儿童社会工作还需要学习与儿童保护、儿童福利有关的知识和方法，还需要在督导的指引下掌握相关技巧。并不是所有持有社会工作者职业水平证书的人员都是合格的儿童社会工作者。是否能作为一名合格的儿童社会工作者，需要考量其胜任力。社会工作者的胜任力是指社会工作者能够把自己的理念、知识、方法、技能应用到实际的社会工作服务当中，达到社会工作服务目标的能力。它包括对所提供服务的设计和组织，处理非常规问题的能力、反思的能力，也包括在工作时与同事、上级、服务对象处理好关系所需要的个人特质等。

在儿童福利的服务递送体系中，专业人员不仅有社会工作者，通常还会包括心理咨询师、行为矫正师、儿童法律援助者、医生、康复师、教师等。但是，社会工作者是唯一以儿童综合发展和整体福利为中心，将其置于家庭、学校及社区等生态系统中，全方位开展服务的专业人员。医生、康复师等其他专业人员，有的可能只是从营养和健康方面关注儿童成长，有的可能只是从残疾的治疗和康复入手，有的可能只关注其智力发育和文化水平提高，几乎没有哪个专业像社会工作那样是从儿童成长发展的身体、心理、社会等诸层面和家庭、社区、学校等系统角度开展工作，从而实现儿童整体福利水平的改善。因此，儿童社会工作者在儿童福利服务递送体系中占有重要的地位，在专业服务团队中是重要的人力资源。

对于从事儿童保护和儿童福利服务的社会工作者而言，其伦理要求相对于其他领域的社会工作者更为严格。在儿童福利服务关系中，儿童更易成为弱势的一方，缺乏对自己权利的认识和讨价还价的能力，往往被动接受福利工作者的安排。因此，儿童社会工作者更应该警醒自己的行为是否符合儿童社会工作的价值原则和伦理要求，实践过程中多一些反思，并自觉接受督导和继续教育，不断拓展和提升自己的能力。

示例

社会工作者在农村开展儿童保护的经验①

中国—联合国儿童基金会贫困地区儿童早期综合发展试点项目中（国家卫生计生委牵头，民政部、全国妇联、国务院扶贫办以及联合国儿

① 本案例来源于山西省汾西县项目点社工刘涛的工作总结，略有修改。

童基金会共同合作实施,主要针对0~3岁农村儿童,提供卫生、营养、早期启蒙、儿童保护和儿童福利服务,使儿童身体、心理、社会等获得全面、健康的发展),社会工作者主要承担儿童保护和儿童福利服务的职责。在实践中,社会工作者面向基层开展儿童权利和儿童保护知识培训,对重点儿童进行家访,针对高风险儿童及家庭进行个案管理和服务,其开创性的工作探索出了许多在贫困农村开展儿童社会工作服务的经验和策略。

1. 贴近民生是关键

在中国农村做儿童保护工作是较少的,而做0~3岁的农村儿童保护工作的就更少了。儿童保护工作对于农村居民来说是一个新鲜事,而做这个工作的社会工作者,更是闻所未闻。社工在工作中,总会被问到两个问题:这个项目是做什么的?社会工作是做什么的?

社会工作者在开展工作中,一开始还很认真地解释项目的内容,用专业的术语去解释社会工作。一轮下乡工作下来,发现大家还是不懂这两个问题。经过思考,社会工作者又将项目中涉及村民的内容提炼出来,用最简洁、最实在的内容罗列出来;使用项目配发的手册、自做的宣传页和村民交流,让村民切实感到,这个项目是对孩子的将来有好处的,社会工作者是能帮助到大家的,村民才慢慢地接受了项目,接受了项目社会工作的服务。

2. 部门协调有保障

项目开展以来,社会工作者完成个案服务50余个,其中三分之二服务对象的干预需要卫生、妇联、早教等部门的协助与配合。除了流动服务车上各部门同事外,汾西县项目领导小组还定时召开县级项目协调会议,就项目中碰到的各种问题,县委县政府、卫生、妇联、民政等部门一同商谈、解决,为社会工作者的服务工作顺利开展提供了保障。

3. 基层工作打基础

社会工作者在开展工作中,会遇到各种困难:有的项目村自然条件差,经济十分困难,育儿思想传统保守,语言不通,等等。尤其是在项目初期,这些问题较多。社会工作者在遇到这些困难时,更多是借助当地村干部、村医、志愿者的力量,利用本地干部、村医帮助,社会工作者才能较顺利地对服务对象进行家访,才能能更好地沟通、克服语言障碍等问题。

4. 多登门、拉家常,办实事、求信任

在家访中,因为服务对象多为家庭困难、思想不重视的家长,社工只能增加家访次数,多了解家庭困难、多分析困难原因,从拉家常起、从一个一个的小建议起,从捐赠一本书、解决一个小困难起,与家长们建立起信任关系,从而起到宣传项目、宣传儿童保护知识,最终达到项目的目的。

5. 宣传知识简单化、重点知识条理化、琐碎知识可视化

在宣传工作中,社会工作者将用到的相关儿童保护知识尽量用简单明了的语言表达出来,能让家长顺畅地接受这些知识;一些需要特别注意的知识使用顺口溜、俗语等形式加强记忆;零散的注意事项就利用流动服务车的宣传页、宣传手册、服务手册等,给家长展示、演示。

6. 总结经验创新路

随着项目的增多,社会工作者的工作量大增。社会工作者将一些简单的工作如资料收集、政策梳理等工作交由村干部和县民政部门工作人员协助处理。而社会工作者一方面继续学习儿童社会工作知识,另一方面也将过往的工作进行梳理、总结,为项目能顺利地完成,积累更多的经验。

第二节 详解

一、资格要求

1. 儿童社会工作者

从事儿童福利服务的社会工作者,通常需要具备比一般社会工作者更为坚实的理论基础,需要更为扎实的实践经验积累。在社会工作制度更为成熟的一些国家和地区,从事儿童福利服务的社会工作者还需要获得除了社会工作职业资格认证之外的专门针对儿童的职业资格认证。例如,在美国从事儿童福利的社会工作者需要获得"儿童、青年和家庭社会工作者证书",在日本从事儿童福利的社会工作者需要获得"儿童福利员"的资格。可见,为儿童提供福利服务对社会工作者来说,需要具备更加严苛的素质和能力水平。

原文

10.1.1 儿童社会工作者应获得社会工作者职业资格证书并按照《社会工作者继续教育办法》登记或具备社会工作专业专科及以上学历。

解读

《指南》对儿童社会工作者的资格要求设置了两个最低条件,实际从业者至少需要满足其中一个:获得全国社会工作者职业水平证书,或具备社会工作专业专科及以上学历。第一个条件是要通过全国社会工作者职业水平考试,获得助理社会工作师及以上资格;第二个条件是接受了系统的专业学科教育。对于那些未接受过社会工作或相关专业训练的实际从业人员,《指南》要求以"考"带"学",补充自己的社会工作专业知识,迅速提升专业能力。

示例

美国《儿童福利社会工作从业标准》中“知识要求”

全美社会工作者协会(NASW)2005年制定的《儿童福利社会工作从业标准》第五条为“知识要求”,列举了从事儿童福利工作的社会工作者应拥有的知识基础。

1. 有关“儿童发展”方面的知识

剥夺父母照顾的后果;

对儿童进行身体、性和情感方面的虐待与疏于照顾的后果;

儿童一段时间与父母分离(例如日间照顾、托幼)的影响,完全与父母分离(例如接受家庭寄养)的影响,以及丧亲、愤怒、哀悼亲人和自身身份等问题对儿童的影响;

一再改变生活安排,不利的社区环境以及文化或种族问题对儿童的影响;

与收养家庭或寄养家庭的关系纽带和依恋问题;

给独立生活的孩子,例如那些过了接受寄养照顾年龄的孩子机会,让其受教育、受培训并拓展就业方面的技能;

开展生活在自己觉得舒服的非传统环境中的儿童工作的重要性;

提供同伴教育,增加儿童的决策和领导才能的方法;

终生联结对儿童的影响,例如长期亦师亦友的影响。

2. 有关“亲子问题”方面的知识

养育和照顾儿童的方法,包括基本的健康照顾方法;

为人父母的责任、职责、义务和权利;

影响父母满足孩子需要能力的因素;

影响儿童养育的文化差异;

积极的指导和管教策略,以及观念和价值观的形成;

为孩子的事情寻求帮助时父母的感受和态度,部分或完全放弃养育孩子所产生的影响；

父母有人格障碍、精神疾病、物质滥用问题以及婚姻冲突对儿童的影响；

父母童年时代的经历与做父母的能力之间的关系；

寄养父母的特定需求与培训；

社区和文化对不能完全履行职责的父母的态度。

3. 有关“家庭动力”方面的知识

虐待和疏于照顾儿童的家庭的动力以及家庭暴力造成的影响；

社会经济压力对家庭的影响；

评估儿童面临的风险；

家庭文化的概念，评估家庭拥有的优势；

亲子关系中情感方面的东西；

在父母发生冲突、分居、离婚或要另行安置孩子的情况下涉及的孩子与父母关系的问题。

4. 有关“社区及社会系统”的知识

政治、法律和司法方面的体制、程序及其实际运作；

有不同文化、民族、宗教背景和性取向的人的需求，以及能用来满足这些需求的社区资源；

公共与志愿性质的社会服务机构和儿童福利服务机构的目的和结构；联邦、州和本地机构各自的作用和相互之间的关系；

学校、健康机构、心理健康机构和医疗机构的作用及其提供的服务，包括特殊教育服务、儿童指导服务、亲子技能课程和充实生活的课程；

个人、家庭、邻里和社区相互之间的关系；

通过对家庭做倡导工作（比如从立法和教育方面入手做工作），恰当地使用传媒来提升公众在儿童和家庭的需求以及可以得到的资源方面的意识，防止儿童受虐待和疏于照顾的策略。

示例①

重庆市救助管理站(重庆市流浪儿童救助中心)2011 年开始在未成年保护工作中试点引入社会工作,目前具有社会工作专业背景的人员 31 人,占机构员工总数的 30%,其中助理社会工作师 6 人,社会工作师 18 人。目前,该中心设置 3 个社会工作岗位,另外还通过政府购买服务方式配置了 2 名社会工作者。

宁夏儿童福利院目前有注册社会工作师 18 名,在全院专业技术人员中的比例约为 16%。该院设置了专门的社会工作部门和岗位,建立了跨专业团队服务制度和社会工作督导制度。社会工作的服务内容和流程从儿童入院即开始,包括入院评估、安置服务需求评估、制订安置服务计划、落实安置服务计划、安置效果评估、结案等。该院探索出社会工作针对儿童福利机构孤残儿童服务的专业职责和角色:与医疗、康复、教育等专业只针对儿童自身系统不同,社会工作既针对儿童本身,也针对儿童的生态系统,尤其是家庭系统开展工作,促进儿童与家庭、学校、社区、社会的良性互动。

2. 儿童社会工作督导者

原文

10.1.2　儿童社会工作督导者应是在儿童服务领域从事社会工作服务满五年以上(含五年)并取得社会工作师资格、对社会工作价值伦理有认同度、拥有良好的社会工作专业知识、具有丰富的儿童工作实务经验和督导技巧的社会工作者。

① 本案例来源于民政部于 2017 年 10 月在北京召开的“民政服务机构社会工作发展暨儿童社会工作经验交流会”发言材料汇编。

解读

《指南》对儿童社会工作督导者的资格要求包括六个方面，其中属于硬性要求的有：从事儿童社会工作的年限和取得社会工作者职业水平证书的等级，体现了督导者是本领域中资深从业者，是行家里手的特征。

督导兼有行政、教育和支持三项功能。社会工作督导是专业训练的一种方法，它是由机构内或机构外资深的工作者，对机构内新进入的工作人员、一线工作人员、实习学生及志愿者，通过一种定期和持续的监督、指导，传授专业服务的知识和技术，以增进其专业技巧，进而促进他们成长并确保服务质量的活动。

儿童社会工作督导者必须受过充分的社会工作专业教育，同时必须具备丰富的实际工作经验，还必须掌握深入的督导知识与方法。儿童社会工作督导者还应熟知儿童福利政策及机构的制度，熟知可以利用的各种资源以及有关条件的限制，对受督导者的感觉和反应应当十分敏感，以便在适当的时候给受督导者提供帮助和指导。儿童社会工作督导者也应对受督导者抱持真诚、信任、尊重与关怀的态度，提供积极的情感支持。

示例

宁夏儿童福利院社会工作督导①

宁夏儿童福利院在构建以社会工作为主导的专业服务模式过程中，也建立了社会工作专业督导体系。督导者包括机构外督导者和机构内督导者。机构外督导聘请了高校社会工作专业教师或其他服务机构的专家担任，机构内督导由机构内资深的社会工作者、管理者以及跨专业的资深专业人员担任。

机构内督导的流程和标准包括：

机构内督导的流程：

① 本案例由宁夏儿童福利院提供。

(1)督导关系的建立

A.确定所督导的人数及人员名单。

B.了解受督导的服务环境及个人情况。

C.和受督导者建立督导关系。

(2)每次督导前的准备工作

A.制订月度督导计划表,确定月度督导工作量。

B.和受督导者确认和约定督导时间。

C.督导前一周,要求受督导者提交《督导内容建议表》。

D.做督导前的准备工作,如拟定培训课件、查阅资料文献等。

(3)督导工作进行

A.和受督导者回顾上次督导内容,检视督导后的学以致用情况。

B.按督导议题展开督导工作。

C.结束前和受督导者确认和澄清督导内容重点。

D.和受督导者约定下次督导时间。

E.督导结束三天内受督导者完成《督导内容记录表》并发给督导确认和签名。

机构内督导的要求:

(1)督导必须熟悉机构工作环境、服务政策和工作流程、服务策划及法律等,并持续接受专业成长训练。

(2)督导要具备工作有关的技能,包括理论、技巧、带领个案、会议/学习小组、引导评估服务对象的需要、制定工作目标等,善于使用面谈技巧,正向推动受督导者成长。

(3)督导负责引导及监察受督导者应用社会工作的理论、知识及技巧于服务工作当中,并在征询及协调单位主管的意见后,对受督导者的工作表现做整体的评估。

(4)为了达到督导目标和满足员工的督导需要,督导者要通过不同的内容、方法和安排,对员工提供适当的督导服务。

(5)督导每月对受督导者不少于一次的督导,具体次数、形式、时间及地点,根据受督导者的情况协商制定。

在儿童福利机构社会工作实务中,督导工作是一种间接服务的方式,是运用专业思维及专业的视角来督促服务内容的有效完成。通过督导,机构内的社会工作者在服务中能够正确地运用理论知识和专业技能,有效履行工作职责。儿童福利机构内的社会工作督导可通过督导会议、专业培训、团队建设等形式开展,帮助儿童社会工作者了解失依儿童的服务需求及其安置模式,分析判断具体儿童安置模式选择的过程是否得当,运用儿童权利、儿童利益最大化、优势视角、增权等理论知识的能力,来帮助儿童福利机构中的社会工作者开展工作,以增进其专业技巧,进而促进他们成长并确保服务质量。

儿童福利机构社会工作督导的类型大致分为管理式督导、咨询式督导、师徒式督导和训练式督导四种类型。

管理式督导的角色可由机构外的社会工作专业教育或服务机构的专家、实务工作者以及机构内的管理者承担。督导者是被督导者的上级或主管,具有“上司与下属”的关系。管理式督导强调的是实务工作的完成及其服务质量,焦点集中于职责、制度以及保障机制的落实等议题上。要求督导者在对机构内一线社工的招聘、选拔、培养、调整、辞退等给予专业建议,对被督导者的专业引导与安置、工作计划与分配、工作监督与考核评估、工作授权与协调等方面担负指导责任。从专业的角度看,督导者承担更多的行政功能。

咨询式督导的角色可由机构内的医疗、护理、康复、教育、心理等相关专业背景的专业技术人员承担。他们一般具有良好的专业思维和丰富的实践经验,了解儿童福利机构的工作特点、服务内容和工作机制。在社会工作督导活动中,相关专业人员可通过自身的专业素养、专业特征、专业知识,为被督导者提供相关的专业资讯,是机构内开展社会工作的跨专业合作者和支持者。督导者与被督导者及其工作没有直接关系和责任，是向被督导者提供相关专业知识、信息上的支持及跨专业合作。咨询式督导强调实务过程中儿童需求评估的科学性、准确性，安置目标的合理性、有效性及其服务质量，焦点集中在儿童安置需求专业支持等议题上。要求督导者根据个案的特点及时向被督导者进行儿童医疗、护理、康复、教育等专业知识的培训与指导，对儿童安置需求评估的问题和情况进行总结及建议，调整服务方案，优化服务结构，促进服务效果提升。从专业的角度看，被督导者自己承担更多的责任，也就是说被督导者根据社会工作实务的要求，主动寻求帮助和支持更为重要。

师徒式、训练式督导可由机构外和机构内资深的社会工作者承担。他们接受过社会工作专门教育和专业训练，具有扎实的社会工作理论知识、良好的专业素养和实务技巧，熟悉并掌握儿童福利机构社会工作服务流程、工作方法。在社会工作督导活动中，与被督导者更容易建立良好的专业关系，通过言传身教、传帮带的方式训练、培训、影响被督导者，是机构内开展社会工作督导的主要力量。督导者扮演师傅的角色，提供教育训练，被督导者被认为是学生或受教育者。师徒式、训练式督导强调学习过程，焦点集中于社会工作具体实务流程的有效执行等议题上。要求督导者对被督导者完成任务时所需的知识与技能给予指导，参与社会工作服务质量评估，对团队内社工工作程序、服务内容、服务质量以及职业操守进行监督，将工作中所存在的问题进行反馈，探讨解决方案并予以跟进，协助被督导者制订个人成长方案，达成专业共识，以期达到共同的成长发展。从专业的角度看，被督导者自己承担更多的具体工作责任，督导者承担更多的专业管理责任。

二、伦理要求

原文

10.2.1 (儿童社会工作者)应自觉遵循社会工作专业伦理。

解读

伦理是人们在人际关系方面所持有的价值信念和行为准则,包括个人的自我行为控制和调节以及对他人的行为期望标准。社会工作伦理是一整套指导从事该专业的工作人员正确履行责任和义务并预防道德风险的行为规范,它包括实际工作步骤的一般规则与标准,规定社会工作者“应该做什么”和“不应该做什么”。

社会工作是一项以利他主义为核心理念,以实现社会正义为己任的助人专业,建立在强烈的专业价值观之上,一定程度而言是一个伦理实践的过程。犹如社会伦理是维系社会秩序的利器,社会工作伦理也是维系社会工作专业秩序的利器。

社会工作专业为了应对实务工作中的千变万化,就必须有一套清晰可循的行为准则。而社会工作依据其哲学信念与价值取向,发展出一套伦理实施原则,以作为引导和限制助人活动或行为的依据。社会工作者唯有明辨意识,接纳认同一套共同认可的专业价值体系,并按照这套价值体系来推演具体的行为,才能最大限度地发挥专业群体力量,表现出社会工作的专业特性,以回应服务对象与社会的需要。

儿童社会工作的伦理是指儿童社会工作者在为受助儿童开展专业实践过程中决定哪一种行为是适宜的或者正确的,判断其干预本身对受助儿童的积极或消极影响,以符合专业标准的一种道德要求。儿童社会工作的伦理守则来源于儿童社会工作的价值理念,是操作层面上的价值理念,是把价值观念转变为行动的行为守则。

具体来说,儿童社会工作者在实务工作中,除了需要遵守一般社会工作者应该遵守的专业伦理之外,在面对儿童服务对象时,需要特别坚守下面的行为准则和标准。

1. 儿童社会工作者的首要责任是向儿童负责。作为儿童社会工作者,应首先向儿童负责,同时也要向社会和法律负责。

2. 儿童社会工作者要尊重并促进案主的自我决定权。儿童虽然是未成年人，在心智发展和社会经验方面尚未成熟，但是社会工作者应该鼓励儿童尽量参与有关工作目标、选择可获得服务的决定。如果儿童确实无法完整表达意思，社会工作者应尊重儿童监护人、法定代理人、委托人的意思。不过，有一种例外，那就是在社会工作者的专业判断下，当儿童的行动或潜在行动具有严重的、可预见的和会伤害自己或他人的即时危险时，社会工作者可以限制儿童的自我决定权。

3. 儿童社会工作者必须以清楚和易懂的语言与儿童进行沟通。沟通内容必须包括：服务的目标、服务中有关的风险、服务的方案以及是否同意接受服务。如果儿童缺乏告知后同意的能力，社会工作者应该寻求符合儿童的期望和利益的第三者的同意。如果儿童属于非自愿的个案，社会工作者应提供下列信息给儿童，包括服务的本质和内容、儿童拒绝服务的权利范围。

4. 儿童社会工作者必须保持文化敏感性，认同来自不同文化背景下的儿童所具有的差异。社会工作者应具备对儿童文化背景的知识基础，并在提供服务时能展现对不同文化的敏感度，也要能分辨不同人群和文化群体间的差异；社会工作者要不断获得有关自我的知识，包括一个人的成见、价值、感情、态度和信仰，学会调整并改变本人对某一儿童群体所持有的成见。

5. 儿童社会工作者应尊重儿童在个人资料方面保密的权利。不过，社会工作者也要尽可能告知儿童在什么情况下保密性将受到限制。在公开个案数据时，社会工作者应采取必要及负责任的措施，删除一切可以识别个案中人员身份的数据，并应尽可能取得儿童的同意并告知其可能带来的后果；在面对大众传媒时，社会工作者应保护儿童的隐私权；在法律程序中，社会工作者应在法律容许的范围内，保护儿童的机密数据。

6. 儿童社会工作者不得滥用所掌握的儿童资源，以及自身与儿童的关系，借以谋取私人的利益。

7. 在任何情况下，不论是经双方同意或以强迫方式，社会工作者不应与服务对象进行任何涉及性的互动或性接触。

原文

10.2.2　应明确社会工作服务意识，遵守《社会工作者职业道德指引》，树立以儿童为中心的服务理念。

解读

社会工作是以利他主义价值观为指导，以科学的知识为基础，运用科学方法助人的服务活动。儿童社会工作旨在帮助社会上的弱势儿童。儿童在成长的过程中，遇到问题处于困境时，容易遭受挫折，会造成严重后果，因此儿童社会工作者要有强烈的服务意识，及时去关注儿童的特点和需求，根据儿童自身的特点对其采取适当的保护措施，是开展儿童社会工作的前提和基础。

以儿童为中心的服务理念要求儿童社会工作者在为儿童提供服务时要将儿童视为一个独立的个体，理解并尊重儿童的个性特征，平等看待儿童，致力于促进儿童健康成长。2012 年民政部公布《社会工作者职业道德指引》，旨在推动社会工作者职业道德建设，引导社会工作者积极践行专业价值理念、规范专业服务行为、履行专业服务职责。

社会工作者遵循社会工作专业伦理是非常重要且必要的，其包含的内容主要有：社会工作者对服务对象、对同事、对服务机构、对社会、对专业等的伦理责任。

1. 对服务对象。对服务对象的承诺，帮助服务对象解决问题；尊重服务对象的自决权；尊重服务对象知情同意的权利；在自己能力范围内提供服务。妥善处理工作过程中可能发生的利益冲突。当发生利益冲突时，社会工作者应只对服务对象，并以服务对象的利益为优先或尽可能保护服务对象利益最大的态度来处理利益冲突。尊重服务对象的隐私权并加以保密。社会工作者不应出于私人目的诱使服务对象说出隐私信息，除非这些信息是为提供服务或进行社会工作评估或研究所需要。社会工作者应向服务对象说明保密准则。除非迫于专业理由，有关服务对象私人信息的披露必须经由服务对象知情同意。谨慎对待与服务对象的肢体接触。如果肢体接触的结果可能对服务对象产生心理上的伤害，社会工作者应避免肢体接触。社会工作者与服务对象有适当的肢体接触时，有责任设定一个清楚的、适当的和具有文化敏感度的界限，以约束类似的肢体接触。

2. 对同事。社会工作者应当对同事尊重、保密、合作、咨询及商讨服务转介等。具体来说，社会工作者应该以尊重、礼貌、公平和充分信任的方式来对待同事，社会工作者有责任用全部的专业知识处理与同事的当事人的关系。

3. 对服务机构。社会工作者应该遵守对服务机构作出的承诺，应认同机构使命和发展目标，遵守机构规章制度，按照机构赋予的职责开展专业服务。社会工作者应积极维护机构的形象和声誉，在发表公开言论或进行公开活动时，应表明自己代表的是个人还是机构，应致力于推动机构遵循社会工作专业使命和价值观，促进机构成长，参与机构管理，增强服务能力、提高服务质量。

4. 对专业。社会工作者应积极维护专业形象，在自身专业能力和服务范围内提供服务。社会工作者自身应不断内化和践行专业理念，持续充实专业知识和技能，掌握与专业相关的知识，提升专业能力，促进专业功能的发挥和专业地位的提升。

5. 对社会。社会工作者应该促进社会的普遍福利的增长。

原文

10.2.3　**应尊重儿童，保护儿童隐私。**

解读

儿童社会工作者是在政府儿童福利政策基础上对全体儿童包括失依儿童、残疾儿童、行为偏差儿童、患大病儿童、受艾滋病影响儿童及受伤害儿童、贫困儿童等所开展的服务，其工作内容涉及儿童社会生活的各个方面。不论是对哪类儿童进行服务，社会工作者都应以儿童为中心，照顾好他们的人格尊严，维护好他们的情绪。未经许可，不得将儿童的隐私透露他人。要尊重儿童，保护儿童的隐私权，同时对于所有由专业服务过程中所获得的信息予以保密。

三、继续教育要求

原文

10.3 （社会工作者）应按照《社会工作者继续教育办法》，接受继续教育，不断提高职业素质和专业服务能力。

解读

随着终身学习社会的来临，为适应社会变迁所带来的社会问题复杂化以及社会服务需求的日益高涨，继续教育成为社会工作专业人员提升自我能力以及服务效果的有效途径，并先后经历了更新模式、能力模式和表现模式等。因此，我们必须进一步完善继续教育制度，创新继续教育模式，兼顾专业知识与实用技能，最终提高社会工作继续教育效果。社会工作者属于专业技术人员范畴，应接受等同于专业技术人员的继续教育，继续教育的目的是使社会工作者保持良好的职业道德，不断更新、补充知识，提高专业水平和能力，提高服务质量。

2009年，民政部下发的《关于印发社会工作者继续教育办法的通知》（民发〔2009〕123号）规定："助理社会工作师在每一登记有效期(3年)内接受社会工作专业继续教育的时间累计不得少于72小时，社会工作师、高级社会工作师在每一登记有效期(3年)内接受社会工作专业继续教育的时间累计不得少于 90 小时。”

社会工作者继续教育的内容要适应其岗位需要，应以提高社会工作者的理论水平和分析、解决实际问题的能力为主，注重针对性、实用性和科学性。社会工作者继续教育的内容通常包括：专业价值观和伦理；相关法律、法规、规章及政策；社会工作实务和相关理论知识等。就儿童社会工作者而言，继续教育的主要内容还包括：儿童的生理－发展理论、心理－社会发展理论、生态系统理论、增能理论等。当然，接受相关的学历教育也能计入继续教育学时，在该《通知》中都有相应规定。促进儿童社会工作者接受继续教育，使其能够不断提高职业素质和专业服务能力。

附录1:《儿童社会工作服务指南》附录A—H

附 录 A

（资料性附录）

接案登记表

表A.1给出了儿童社会工作服务接案登记表的样式。

表A.1 接案登记表

编号：　　　　　　　　　　　　　　日期：　　年　　月　　日

<table>
<tr><td>姓　名</td><td></td><td>性　别</td><td></td><td>年　龄</td><td></td></tr>
<tr><td colspan="6">1. 个案来源</td></tr>
<tr><td colspan="6">服务对象主动求助
社工发现服务对象
转介
转介来源________________
转介原因________________</td></tr>
<tr><td colspan="6">2. 家庭成员</td></tr>
<tr><td>姓　名</td><td>关　系</td><td>年　龄</td><td>职　业</td><td>是否同住</td><td>联系方式</td></tr>
<tr><td></td><td></td><td></td><td></td><td></td><td></td></tr>
<tr><td></td><td></td><td></td><td></td><td></td><td></td></tr>
<tr><td></td><td></td><td></td><td></td><td></td><td></td></tr>
<tr><td colspan="6">3. 儿童面临的问题和需要</td></tr>
<tr><td colspan="6">(1)
(2)
(3)</td></tr>
</table>

社会工作者（签字）：

附 录 B

（资料性附录）

儿童预估表

表 B.1 给出了社会工作服务儿童预估表的样式。

表 B.1 儿童预估表

编号： 日期： 年 月 日

姓 名		性 别		年 龄	
1. 背景资料					
接案原因及当时出现的问题	(1) (2) (3)				
家庭背景	□一般家庭 □高风险家庭 具体说明：				
学校表现（包括学前机构）	学业表现：□好 □一般 □差 同学关系：□好 □一般 □差 师生关系：□好 □一般 □差 适应能力：□好 □一般 □差 具体说明：				
朋辈关系	关系好坏：□好 □一般 □差 朋辈交往时间： 朋辈交往范围： 具体说明：				
重要成长经历					

续表

其他	
2. 接案评估过程	
行为观察与面谈： 初步评估：	
评估结果及服务方式	问题诊断/介入焦点： □属服务范围，开启个案： 确定服务方式： 个别访谈 □儿童游戏治疗 □家庭/婚姻治疗 □亲职教育/咨询 □团体治疗 □其他介入模式： 备注说明： □非服务范围，建议转介： 建议转介资源：□其他专业机构资源 □学校资源 □社区资源 □其他： 原因说明与建议：

社会工作者（签字）：

附 录 C

（资料性附录）

高风险家庭评估表

表 C.1 给出了高风险家庭评估表的样式与内容。

表 C.1 高风险家庭评估表

编号： 日期： 年 月 日

<table>
<tr><td rowspan="7">一、被评估者的基本资料</td><td colspan="2">监护人或主要照顾者姓名：</td><td>联系电话：</td></tr>
<tr><td colspan="3">家庭住址：</td></tr>
<tr><td>儿童姓名</td><td>年龄</td><td>就读幼儿园/学校</td></tr>
<tr><td></td><td></td><td></td></tr>
<tr><td></td><td></td><td></td></tr>
<tr><td></td><td></td><td></td></tr>
<tr><td></td><td></td><td></td></tr>
<tr><td rowspan="5">二、家庭评估内容</td><td>□有
□无</td><td colspan="2">1. 家庭成员关系不好或家庭冲突。如父母时常剧烈争吵，家庭成员中有酗酒、吸毒、精神疾病、犯罪前科等。</td></tr>
<tr><td>□有
□无</td><td colspan="2">2. 因贫困、单亲（父母离异、丧亲）、隔代教养、父母未婚或未成年生子等其他不利因素，使孩子得不到适当照顾。</td></tr>
<tr><td>□有
□无</td><td colspan="2">3. 家庭主要收入者失业、退休、破产、负债等，使儿童未获适当照顾。</td></tr>
<tr><td>□有
□无</td><td colspan="2">4. 父母双方或一方死亡、出走、重病、入狱服刑等，使儿童未得到适当照顾。</td></tr>
<tr><td>□有
□无</td><td colspan="2">5. 家庭中父母因工作过于忙碌，孩子经常被疏于照顾（如经常不吃早点上学、着装不整、生病不及时去医院等）。</td></tr>
</table>

续表

二、家庭评估内容	□有 □无	6. 家中成员曾有自杀倾向或自杀者，使儿童未获适当照顾。
	□有 □无	7. 其他。 说明：
三、已获得的救助资源	□有 □无	1. 相关部门或单位已提供服务情况（如学校、公安部门等）。 说明：
	□有 □无	2. 已接受政府政策资源或服务情况（如低保、临时救助、大病救助、孤儿救助、日间照料、家庭寄养等）。 说明：
	□有 □无	3. 已接受民间社会福利资源或服务情况（如当地社区附近的儿童照顾机构、志愿服务等）。 说明：
	□有 □无	4. 有亲属朋友支持，并获得协助。 说明：
	□有 □无	5. 其他。 说明：
四、个案情况简述		
五、说明	1. 本表由社会工作者根据家庭实际情况填写，根据本表评估内容，发现其中一项，社会工作者应加以关注并提供服务，防止儿童需要得不到及时满足。 2. 其他部门接受转介时，应注意资料保密。	
评估人： 联系电话： 是否需要跟进服务： □是 □否		

社会工作者（签字）：

附 录 D

（资料性附录）

儿童服务计划表

表 D.1 给出了儿童服务计划表的样式与内容。

表 D.1 儿童服务计划表

编号： 儿童姓名： 日期： 年 月 日

问题描述	预期目标	具体策略和方法	执行者	预计执行时间	执行状况	备注

社会工作者（签字）：

附 录 E

（资料性附录）

儿童服务面谈记录表

表 E.1 给出了儿童服务面谈记录表的样式。

表 E.1 儿童服务面谈记录表

编号：　　　　　儿童姓名：　　　　　　　日期：　　　年　　月　　日

日期/时间	
地点	
目标	
主要内容	
评估及反思	
跟进计划/下次面谈安排	（需说明本次面谈要跟进的事项及下次面谈时间、议题）
督导者意见	

社会工作者（签字）：

附 录 F

（资料性附录）

儿童社会工作者可利用的资源列表

表 F.1 给出了儿童社会工作者可利用的资源列表的样式。

表 F.1 儿童社会工作者可利用的资源列表

编号：　　　　儿童姓名：　　　　　　　日期：　　　年　　月　　日

资源类型	具体人员	联系方式	地址	可以提供的帮助
机构资源	儿童服务机构（儿童福利院、婚姻收养登记处、儿童收养中心、儿童收养评估机构、未成年人救助保护中心、残疾儿童康复中心等）			
	儿童医院、妇幼保健院			
	民办服务机构（自闭症儿童康复机构、日间照料机构等）			
	各类基金会			

续表

社区资源	社区居委会			
	社区医院			
	社区志愿者			
	社区组织			
	社区单位			
	附近的派出所、民警			
学校资源	学校校长			
	学校辅导员			
	班主任			
	学校心理咨询老师			
政策资源与行政资源	各类相关政策（最低生活保障制度、临时救助制度、教育救助政策、儿童福利政策、儿童权益保护政策等）			
	关心下一代工作委员会			
	当地民政部门			
	当地妇联组织			
	当地教育专家			
	当地儿童养育专家			
	其他			

社会工作者（签字）：

附 录 G

（资料性附录）

儿童服务评估表

表 G.1 给出了儿童服务评估表的样式。

表 G.1 儿童服务评估表

编号：　　　　　　　　　　　　　日期：　　年　　月　　日

<table>
<tr><td>姓名</td><td></td><td>性别</td><td></td><td>年龄</td><td></td></tr>
<tr><td>个案描述</td><td colspan="5"></td></tr>
<tr><td>服务目标</td><td colspan="2"></td><td colspan="2">服务起止日期</td><td></td></tr>
<tr><td>提供的服务及进展情况</td><td colspan="5"></td></tr>
<tr><td>儿童现状</td><td colspan="5"></td></tr>
<tr><td>结案情况</td><td colspan="5">顺利结案　　转介　　其他（请注明）</td></tr>
<tr><td>介入工作反思</td><td colspan="5"></td></tr>
<tr><td>跟踪服务计划</td><td colspan="5"></td></tr>
<tr><td>服务对象意见</td><td colspan="5">获得的帮助：
□没有提供帮助　□提供有用资料　□生活适应
□行为矫正　□学习辅导　□人际关系支持
□家庭关系调适　□健康服务　□经济援助
□情绪辅导　□就业辅导　□转介服务
□其他（请注明）
是否达到预期：
□比预期好得多　□比预期好　□和预期一样
□比预期差　□比预期差得多</td></tr>
<tr><td>督导意见</td><td colspan="5"></td></tr>
</table>

社会工作者（签字）：

附　录 H

（资料性附录）

儿童服务结案表

表 H.1 给出了儿童服务结案表的样式。

表 H.1　儿童服务结案表

编号：　　　　　　　　　　　　　　　　日期：　　年　　月　　日

个案姓名		性别	
年龄		转介者/转介(申请)日期	
立案/重开个案日期		结束个案日期	
个案性质及简单描述：			
辅导目标：			
提供的服务及个案进展：			
服务对象现状：			

续表

结案原因： 目标达到　　　　　　　　　　　　　　不能提供所需服务 社工认为不适宜继续提供服务 （请注明） 服务对象不愿意继续接受服务 （请注明） 情况有变化（如服务对象转学、迁居等） （请注明） 其他 （请注明） 服务对象知道个案已结束并知道在有需要时如何得到服务　□是　□否

社会工作者（签字）：

附录2:《社会工作服务项目绩效评估指南》原文

中华人民共和国民政行业标准

MZ/T 059—2014

社会工作服务项目绩效评估指南

Guideline of performance evaluation of social work service program

2014 - 12 - 24 发布　　　　2014 - 12 - 24 实施

中华人民共和国民政部　发布

前　言

本标准按照 GB/T 1.1—2009 给出的规则起草。

本标准由民政部社会工作司提出。

本标准由全国社会工作标准化技术委员会(SAC/TC 534)归口并解释。

本标准起草单位:华东理工大学、东莞市普惠社会工作服务中心、中国社会工作协会、深圳市现代公益组织研究与评估中心、北京市协作者社会工作发展中心、民政部社会工作研究中心、广东省民政厅、浙江省民政厅。

本标准主要起草人:范斌、周巍、陆士桢、南燕、李真、陈城、滕爱聪、李进民、王颖。

社区社会工作服务指南

1　范围

本标准规定了社会工作服务项目绩效评估目标、原则、主体、内容、方法和程序。

本标准适用于财政性资金购买社会工作服务项目的评估。其他资金购买或委托实施的社会工作服务项目评估可参照使用。

2　术语和定义

2.1

社会工作服务　social work service

社会工作专业人员遵循社会工作专业价值理念,运用专业方法为有需要的服务对象(个人、家庭、社区、组织等)提供困难救助、矛盾调处、人文关怀、心理疏导、行为矫治、关系调适和资源协调等方面的专业性服务,以协助服务对象恢复和发展社会功能、提升服务对象适应环境的能力。

2.2

社会工作服务项目　social work service program

为满足特定服务对象的需求,在一定时间内,运用一定的资源,按照预定的服务目标、服务内容和服务要求所设计、实施的社会工作服务任务。

3 评估目标

3.1 评估社会工作服务项目目标的实现程度、专业服务效果及项目资金的使用情况。

3.2 总结社会工作服务经验,提炼社会工作服务技巧,提升社会工作服务水平。

3.3 作为社会工作服务项目结项的依据以及为项目购买方确定项目执行方继续承担相关社会工作服务项目的资质提供依据。

4 评估原则

4.1 客观性原则

以客观事实为依据,准确反映社会工作服务项目在投入、运作、产出以及成效方面的实际情况。

4.2 专业性原则

注重考察社会工作的专业价值、理论、方法和技巧在服务项目中的运用。

4.3 系统性原则

通过层次化结构对指标体系进行结构化分类,确定各类评估指标的权重,全面、综合地反映服务项目的整体情况。

4.4 可操作性原则

评估方法符合项目实际,采取定量与定性相结合,易于操作。

5　评估主体

5.1　评估组织者

社会工作服务项目的评估组织者一般为购买方,负责确定评估方式和评估执行方,落实评估经费,统筹评估相关事宜。

5.2　评估执行方

评估组织者直接组建的专业评估团队或受委托的专业评估机构组建的专业评估团队。

评估团队应具备以下条件:

——不少于5人的单数组成;

——取得中、高级社会工作者职业水平证书或受过硕士研究生及以上社会工作专业教育,且具有3年以上相关社会工作实务经验的人员不低于30%;

——不少于1名熟悉社会组织财务工作、具有中级及以上专业技术职务的财会人员。

6　评估内容

6.1　项目方案

项目方案的评估应包括:

——社会工作服务项目的策划是否专业、规范;

——服务计划是否具有逻辑性和可操作性,是否有效回应服务对象需求和项目目标要求;

——服务对象界定是否符合项目基本要求;

——对需求的调查分析是否准确，需求分析报告结构是否完整，是否能根据需求合理界定项目服务的覆盖范围和目标指向；

——预算方案是否体现目标相关性、政策相符性、经济合理性、公益导向性的原则。

6.2 项目实施

6.2.1 专业人员配备与使用

在项目实施中，是否能够按照项目方案中的计划配备相应的社会工作及相关专业人员，并在项目实施中发挥相应作用。在人员使用过程中，是否能够做到分工明确、优势互补、团队协作。

6.2.2 物资配置

在项目实施中，使用的场地、设备、服务设施及相关物资是否能够满足项目运行需求。

6.2.3 专业服务价值理念运用

在项目实施中，能否真正体现社会工作者"以人为本、助人自助"的价值观和"平等、尊重、接纳、保密"等专业原则。

6.2.4 专业服务理论运用

在项目实施中，是否正确依据社会工作专业相关理论。

6.2.5 专业服务方法运用

在项目实施中，是否恰当运用社会工作专业方法和技巧。

6.3 项目管理

6.3.1 项目行政管理

是否制定和执行了项目人事管理制度、财务管理制度、物资管理制度及保密制度。

6.3.2 专业规范性管理

是否制定和执行了完善的社会工作专业服务规范和程序；是否全面、原始、真实保存项目服务档案；是否制定了服务对象权益保障制度。

6.3.3　项目进度管理

项目团队是否根据服务方案制订了总体工作计划和阶段性工作安排；是否制定了服务进度管理制度，并合理安排工作进度。

6.3.4　服务质量体系与督导

是否建立了服务质量评估指标体系；是否建立专业督导和培训机制；是否建立意见反馈与投诉处理机制；是否提出持续改进机制。

6.3.5　风险管理与应急预案

项目执行机构是否对其项目实施过程中存在的风险进行预估，是否制定了项目应急预案。

6.3.6　项目资金管理

项目资金使用是否符合预算执行方案和财务管理制度。

6.4　项目成效

6.4.1　目标实现程度

评估内容包括：

——合同规定的服务目标达成情况；

——合同规定的服务数量完成情况；

——合同规定的服务对象改善情况；

——合同规定的服务组织及其专业团队从项目实施中得到成长发展的情况。

6.4.2　满意度

评估服务对象、购买方、项目执行方对社会工作服务过程与成效的满意度。

6.4.3　社会效益

对项目的影响力、可持续性、可推广性进行评估。评估内容包括：

——社会反响：奖惩情况、宣传报道、研究成果；

——决策影响：对项目可持续发展的思考与建议被相关部门采纳；

——资源整合：组织参与、社会捐赠、志愿者参与。

7 评估方法

7.1 资料分析法

资料分析法应包括以下内容：

——组织资料分析，包括但不限于组织的基本信息（如组织章程）、与项目有关的组织制度文本（如项目财务管理制度）和组织日常工作记录（如董事会或理事会会议记录）；

——项目资料分析，包括但不限于项目计划（如项目标书、项目服务方案）、项目服务档案（如服务记录）、项目人员档案（如项目人员、志愿者档案）、项目财务信息（如项目预算、决算表）及与项目相关的各类管理制度档案（如项目行政管理、专业规范性管理、项目进度管理、服务质量控制、风险管理）；

——其他资料分析，包括但不限于项目测评工具（如服务满意度问卷）、项目各类统计文本（如服务满意度调查结果统计）和项目各类工作报告（如项目中期报告、总结报告）。

7.2 观察法

观察法应包括下列内容：

——为了解项目的具体服务过程，评估人员应对每个项目的日常服务或活动过程进行现场观察。观察内容包括：服务环境、服务内容、服务方法以及服务的社会工作专业性体现和规范，服务人员与服务对象的互动等；

——对于已经结束的服务项目，评估人员可通过观察该组织与评估项目同类的日常服务和活动，从侧面了解项目的服务过程。

7.3 问卷法

问卷法应包括下列内容：

——在项目评估过程中，评估人员可利用问卷调查收集项目服务对象满意率和项目服务成效等信息；

——依据项目总体目标和服务对象的实际情况，科学设计调查问卷及抽样样本；

——在问卷调查结束后，评估人员应对问卷回收情况、问卷填写完整性和内容真实性进行质量复核。

7.4 访谈法

7.4.1 与项目的服务对象及开展项目服务的相关人员，就服务满意率、服务成效以及对项目服务的具体意见进行访谈。

7.4.2 与项目执行方的负责人、项目负责人及工作人员就以下内容进行访谈：

——向执行方的负责人了解在项目运作过程中，有关项目监管、资源整合方面所采取的措施，运作该项目给组织带来的影响以及项目运作中遇到的困难；

——向执行方项目负责人和工作人员了解项目的实际运作情况，包括项目体现社会工作专业价值观、理论和方法的情况，项目完成情况，项目资金使用情况，项目管理制度及落实情况。

7.4.3 与项目购买方代表就项目运作情况的满意度进行访谈。

8 评估程序

8.1 制定评估方案

8.1.1 起草方案

评估执行方应根据评估组织方的要求，起草详细的评估方案。

8.1.2　方案内容

评估方案内容应包括：

——目标任务；

——基本方法；

——进度安排；

——人员安排；

——经费预算；

——风险控制。

8.1.3　方案确认

评估执行方应将评估方案交评估组织方确认，双方确认同意后签订委托评估协议书（见附录A）。

8.2　组织人员

评估执行方应根据评估方案，组建评估团队，针对项目开展评估培训。

8.3　发送通知

评估执行方应至少提前30个工作日，书面告知被评估方评估的具体要求、评估标准、操作细则及安排。

8.4　实施评估

被评估方应根据评估要求提交自评报告。评估执行方在收到自评报告和相关材料后及时组织评估。评估实施过程中，被评估方应根据评估需要，及时向评估执行方提供项目相关的各类资料。

8.5　出具报告

8.5.1　报告内容

评估报告内容应至少包括：

——评估开展情况；

——项目及执行基本情况；

——评估结论及建议。

8.5.2　评估结果反馈

评估执行方撰写完成评估报告后，应以评估报告（初稿）的形式，就初步评估结果与被评估方进行沟通，征询被评估方意见。

评估执行方出具正式评估报告并送达评估委托方。

9　评估报告运用

9.1　项目购买方

9.1.1　评估报告应作为项目购买方是否继续委托或中断委托项目的决策依据；

9.1.2　评估报告应作为项目购买方与项目执行方协商对未来项目方案、项目实施、项目管理等方面改善的参考依据；

9.1.3　评估报告宜作为优秀项目评比、资金投入等方面的参考依据。

9.2　项目执行方

9.2.1　评估报告应作为项目执行方向项目购买方申请新项目或申请项目延续的参考依据；

9.2.2　评估报告应作为项目执行方对项目经验的总结和对项目进一步改进的参考依据。

附 录 A

(资料性附录)

委托评估协议书

表 A.1 给出了社会工作服务项目委托评估协议书的样式。

表 A.1 委托评估协议书

编　号: 委托方(甲方): 受托方(乙方): 兹有甲方委托乙方对________项目进行评估,乙方接受甲方委托。双方经协商达成以下约定:
一、委托评估事项
(一)项目评估范围: 接受乙方项目评估的,系　　　　　项目(以下简称　　　项目),共计　　　项。
(二)项目评估的主要内容
(三)项目评估工作时间要求: 项目开展时间自______年____月____日至______年____月____日

续表

（四）费用及付款方式 1. 本协议的评估费为人民币（大写）________元，该费用包括完成评估工作的所有运作资金、人员工资等有关费用。 2. 付款方式：甲方应在本协议签订后20个工作日内向乙方预付________%项目评估费，其余________%项目评估费在乙方提交评估报告后付清。 经费划拨至如下账号： 开户行： 开户名： 开户账号：
二、双方权利和义务
（一）甲方的权利和义务 1. 甲方的权利 （1）甲方对乙方的评估及报告撰写过程享有指导权，对乙方撰写的评估报告成果享有知识产权。 （2）甲方有权对乙方在评估工作开展过程中各项工作目标的完成情况、评估经费使用及各项评估指标落实情况进行监督，必要时提出修改意见和建议。 （3）对于监督过程中出现的问题，甲方有权对乙方提出整改要求。乙方在整改后仍不能满足开展评估工作条件的，甲方有权终止协议并向乙方追讨全部经费。 2. 甲方的义务 （1）按照合同规定如期向乙方拨付评估工作经费。

续表

(2)协调各业务主管部门、各项目承办机构,尽力解决评估工作中遇到的问题,为乙方提供必要的支持和帮助。 (二)乙方的权利和义务 1. 乙方的权利 乙方按本协议规定获得评估工作经费;为完成本次评估工作,可以向甲方提出给予必要支持的要求。 2. 乙方的义务 (1)按照约定完成项目评估工作,出具真实、完整、专业的项目评估报告。由于受项目评估工作性质的约束,以及项目执行单位内部控制制度的固有局限性和其他客观因素制约,存在着某些重大错报可能未被发现的风险,因此,乙方的评估责任并不能替代、减轻或免除项目执行单位的项目管理责任。 (2)对执行业务过程中知悉的项目执行单位的组织机密严加保密。除法律另有规定外,未经项目执行单位同意,乙方不得将其知悉的组织机密和项目执行单位提供的资料对外泄露。 (3)根据项目实际完成情况和甲方要求,分期分批出具评估报告(如因项目执行单位未能及时提供评估资料等原因造成延期的,另行商定)。
三、违约责任
1. 任何一方未按约定履行,另一方有权要求对方履行或终止本合约,并保留要求对方赔偿损失的权利。 2. 对于甲方原因造成乙方工作进度延期,甲方不得追究乙方责任。对于乙方因自身原因未能及时有效地履行本合约,甲方有权不支付相应的评估费用,直至终止合约。 3. 甲乙双方均应按照《中华人民共和国合同法》承担违约责任。 4. 本协议书一式四份,甲乙双方各执两份,具有同等法律效力。

续表

甲　方(盖章):		乙　方(盖章):
法定代表人(签字):		法定代表人(签字):
联系人:		联系人:
地　址:		地　址:
邮　编:		邮　编:
电　话:		电　话:
传　真:		传　真:
日期:　　年　月　　日		日期:　　年　月　　日

参考文献

[1]陈之莹,陈旭. 浅谈我国养老服务质量评估机制[J]. 质量与认证,2014(7):51－52.

[2]陈雷. 关于社会工作岗位设置的认识、实践与对策——以浙江省杭州市为例[J]. 社会工作实务研究,2011(2):80－83.

[3]陈锦堂. 香港社会服务评估与审核[M]. 北京:北京大学出版社,2008.

[4]曹彦. 对社会工作档案管理的初步认识和探索[J]. 长沙民政职业技术学院学报,2014(3):48－50.

[5]董润云. 服务质量评估及提升与研究[D]. 沈阳工业大学. 2003.

[6]顾东辉. 社会工作评估[M]. 北京:高等教育出版社,2009.

[7]顾东辉. 社会工作概论[M]. 上海:复旦大学出版社,2009.

[8]黄源协. 社会工作管理[J]. 1999.

[9]洪志生,苏强,雷佳震. 服务质量管理研究的回顾与现状探析[J]. 管理评论,2012(7):152－160.

[10]李增禄. 社会工作概论(增订三版)[M]. 台北:巨流图书公司,2002.

[11]刘伟. 大数据视角下社会工作档案开发与利用[J]. 兰台世界,2015(8):55－56.

[12]刘斌志. 终身学习视野下社会工作专业继续教育发展[J]. 继续教育研究,2011.

[13]刘梦. 小组工作[M]. 北京:高等教育出版社,2013.

[14]陆士桢. 儿童社会工作[M]. 北京:社会科学文献出版社,2003.

[15]李华伟. 基线评估法在社会工作实务过程中的应用[J]. 社会工作,2012(6):59－61.

[16]马凤芝. 社会工作实务[M]. 北京:社会科学出版社,2010.

[17]童小军. 儿童福利机构社会工作实务[M]. 北京:中国儿童福利和收养中

心,2014.
[18]许莉娅. 个案工作[M]. 北京:高等教育出版社,2012.
[19]王思斌. 我国社会工作制度建设分析[J]. 广东工业大学学报(社会科学版),2013(9):12-18.
[20]王元泉. 服务质量管理研究[D]. 首都经济贸易大学. 2003.
[21]朱眉华,文军. 社会工作实务手册[M]. 北京:社会科学文献出版社,2006.
[22]全国社会工作者职业水平考试教材编写组. 社会工作实务(中级)[M]. 北京:中国社会出版社,2017.
[23]《中级社会工作综合能力》,全国社会工作职业水平考试指导教材,中国社会出版社。
[24]《社会工作督导》,阿尔弗雷多·卡杜山著,中国人民大学出版社。
[25]《社会工作督导——经验学习导向》,陈锦堂著,台北:巨流图书公司。
[26]《儿童保护社会工作实务之督导制度研究》,黄明玉,郭俊嵩,《通识教育学报》第三期。
[27]国务院关于加强困境儿童保障工作的意见(国发〔2016〕36 号).
[28] Raukits, ME & Koeske, GF (1994). Maintaining social worker morale: When supportive supervision is not enough. Administration in Social Work, 18(1): 39-60.
[29] Kadushin A. What's wrong, what's right with social work supervision[J]. The Clinical Supervisor, 1992, 10(1): 3-19.

后　记

《〈儿童社会工作服务指南〉解读》一书由鄢勇兵担任主编，具体策划和编辑任务由全国社会工作标准化技术委员会秘书处承担。撰稿者由《儿童社会工作服务指南》起草组成员、全国社会工作标准化技术委员会秘书处成员以及业内专家学者等共同组成。各章作者如下：

第一章　鄢勇兵

第二章　黄晓燕、王颖

第三章　黄晓燕、郭名倞

第四章　黄凤仪

第五章　仰和芝

第六章　陈正艳、陈喜春、冯浩

第七章　杜勇、范篆玲、帅静

第八章　杜勇、范篆玲、帅静

《〈儿童社会工作服务指南〉解读》一书的最终出版，得到了民政部相关单位的悉心指导，得到了联合国儿童基金会的资助。同时，宁夏儿童福利院、云南连心社会工作服务中心、江西吉安协同社会工作服务中心、山东潍坊社会工作者协会等组织机构，以及“中国—联合国儿童基金会贫困地区儿童早期综合发展试点项目”山西省汾西县项目点社会工作者刘涛、田川等人还为《〈儿童社会工作服务指南〉解读》提供了丰富鲜活的案例，在此，我们表示衷心感谢！由于《〈儿童社会工作服务指南〉解读》一书的编辑出版时间比较仓促，疏漏在所难免，恳请读者批评指正。

编　者